Juan del Encina
Texto literario y texto espectacular en los impresos teatrales
del siglo XVI

Sara Sánchez Hernández

JUAN DEL ENCINA

TEXTO LITERARIO Y TEXTO ESPECTACULAR EN LOS IMPRESOS TEATRALES DEL SIGLO XVI

FUNDACIÓN UNIVERSITARIA ESPAÑOLA

Publicación
de la
FUNDACIÓN
UNIVERSITARIA
ESPAÑOLA

Colección "Investigaciones Teatrales" – 4

FUNDACIÓN UNIVERSITARIA ESPAÑOLA
Alcalá, 93. (28009 MADRID)
Tf: 91 431 11 93 – 91 431 11 22
Fax: 91 576 73 52 e-mail: fuesp@fuesp.com

ISBN: 978-84-19672-32-2
eISBN: 978-84-19672-33-9
Depósito Legal: M-17431-2024

Pues tan ecelentes cosas se siguieron del campo, y tan grandes hombres amaron la agricultura y vida rústica y escrivieron della, no deve ser despreciada mi obra por ser escrita en estilo pastoril.

Juan DEL ENCINA

Tabla de los ítems que en este libro se contienen

Introito

Este trabajo procura mostrar la factible puesta en escena de las seis obras teatrales de Juan del Encina que conforman su segunda producción teatral. Estas se hallan conservadas y transmitidas tanto en cancioneros como en pliegos sueltos. El *Cancionero de todas las obras de Juan del Enzina con otras cosas nuevamente añadidas* (1507, Salamanca, Hans Gysser) recoge la *Égloga representada la noche de Navidad* (más conocida por la crítica moderna como *Égloga de las grandes lluvias*) y la *Representación ante el muy esclarecido y muy ilustre príncipe don Juan* (o *Representación sobre el poder del Amor*).

Por su parte, el *Cancionero de todas las obras de Juan del Enzina con las coplas de Zambardo:* τ *con el Auto de repelón en el qual se introduzen dos pastores, Piernicurto* τ *Johanpara. τc* τ *con otras cosas nuevamente añadidas*, también publicado en la imprenta salmantina de Gysser (1509), incluye como novedad el *Auto del repelón* y la *Égloga en la qual se introduzen tres pastores* (*Égloga de Fileno, Zambardo y Cardonio* o *Égloga de tres pastores*, según la crítica moderna).

Por último, la *Égloga nuevamente trobada por Juan del Enzina, adonde se introduze un pastor que con otro se aconseja* (también denominada *Égloga de Cristino y Febea*) y la

Égloga de los enamorados Plácida y Vitoriano (moderna-mente *Égloga de Plácida y Vitoriano*) se difundieron solo a través de pliegos sueltos. Dada esta realidad, se han tenido en cuenta todos los testimonios conservados de las obras de Encina, bien en formato cancioneril, bien en pliegos sueltos, al examinar los recursos dramatúrgicos que posiblemente se emplearon en sus respectivas representaciones teatrales.

El estudio aborda el carácter performativo del teatro enci-niano a través del examen de las huellas de los elementos dramatúrgicos que pudieron intervenir en sus representacio-nes teatrales. Para ello, se ha empleado una metodología ecléctica que se fundamenta en una labor interdisciplinar, pues aúna enfoques filológicos y semióticos con la conside-ración de artes como la pintura, la música, la danza o la iconología, entre otras. El objetivo es la recuperación y la puesta en valor del patrimonio teatral del siglo xvi, en el con-texto peninsular y europeo del Renacimiento.

Este sistema metodológico interdisciplinar facilitará la creación de una historia del teatro castellano, entendiendo *teatro* como la unión de un texto dramático y un texto es-pectacular que procede de los estudios semióticos [De Mari-nis, 19781979; Elam, 1980; Profeti, 1995].

La designación de Encina como «patriarca» del teatro cas-tellano dispensa importancia a esta figura de entresiglos. Sin embargo, a esta etiqueta le acompañan otras apreciaciones que lo rebajan al considerarlo «primitivo» o, cuando se com-para con el teatro posterior, como «prelopesco» o «prebarro-co». Este enfoque del incipiente teatro castellano ha contri-buido a debilitar la figura de Encina y de otros muchos dramaturgos que crearon y escenificaron sus obras teatrales en las postrimerías del siglo xv y el naciente xvi. Existen abundantes trabajos que han valorado este teatro renacentista empleando los mismos criterios que el teatro posterior, especialmente el paradigma dramático de Lope de Vega y de Pedro Calderón de la Barca[1].

Esta perspectiva lopecéntrica constituye una importante limitación cuando se examinan los recursos dramáticos utilizados por Encina y otros dramaturgos contemporáneos, puesto que juzgarlos desde los parámetros de la comedia nueva –producto muy logrado y espléndido–, supone un desenfoque que disminuye la valía del teatro castellano, a pesar de su carácter pionero. En consecuencia, para estimar de forma oportuna este primer teatro, es preciso tender la mirada hacia los precedentes de las piezas dramáticas encinianas, hacia la tradición preexistente que el autor conoce y a partir de la que compone sus obras [Bustos, 2014: 23].

Asimismo, la desatención del contexto histórico, social y cultural, así como de las circunstancias genéricas en las que Encina vivió, compuso y representó sus obras dramáticas ha influido negativamente en su correcta consideración como autor teatral. Por tanto, es necesario un análisis detallado de los condicionamientos dramatúrgicos que rodean el teatro de Encina, de forma que se pueda calibrar correctamente su capacidad teatral.

Generalmente, el propósito de producir un texto dramático es representarse ante un público, y así lo ideó Juan del Encina cuando componía sus obras teatrales. Solo en una etapa posterior a su escenificación se iniciaba el proceso de impresión del texto teatral. Sin embargo, en ese traslado de lo oral a lo escrito, el texto experimentaba una pérdida de la

---

[1] El tratamiento literario del texto teatral es un obstáculo para estudiar adecuadamente este género que va más allá que la literatura [Oleza, 1984; García-Bermejo, 2014].

materia teatral que debió de acompañar al texto dramático en origen. La causa principal de la supresión de los elementos teatrales del texto dramático en esta época es la ausencia de codificación del teatro en un formato específico que exhibiera las singularidades del texto espectacular. De esta forma, se perdía la información teatral que, de forma convencional, se recoge en las didascalias, que visibilizan los recursos escénicos que debían emplearse en una representación.

A raíz de esta teatralidad perdida, la mayoría de los trabajos sobre el teatro enciniano (y sobre el de sus coetáneos) han asumido un tratamiento literario del texto dramático renacentista, pues abordan cuestiones estrictamente relativas al texto literario y vinculadas, en numerosas ocasiones, a su contenido y a su contexto cancioneril. No obstante, desde principios del pasado siglo xx, se han sucedido trabajos que han acometido la labor de devolverle al primer teatro renacentista su teatralidad perdida. El planteamiento espectacular y escénico de Wickersham Crawford [1915b], William Samuel Hendrix [1924], Ronald Boal Williams [1935] y Norman David Shergold [1967], entre otros, ha tenido continuadores[2].

El método de análisis elaborado por Alfredo Hermenegildo [1991; 2001] demostró la teatralidad de unas obras dramáticas que han sido siempre consideradas primitivas. Sin embargo, aunque no se han abordado los suficientes estudios que implanten esta metodología teatral, es esencial reseñar la labor de algunos estudiosos cuyos trabajos pioneros ver-

---

[2] Lamentablemente, los trabajos derivados de Shergold [1967] se posicionan mayoritariamente en el último de los Siglos de Oro, en detrimento del siglo xvi, pues se emplea como pre-texto para estudiar y ponderar la creación teatral del siglo xvii, reduciendo las manifestaciones teatrales del Renacimiento a muestras «prelopescas», «prebarrocas» y «primitivas».

san sobre la recuperación de la práctica escénica del primer teatro renacentista, como son Maria Grazia Profeti [1982], Joan Oleza [1984], Teresa Ferrer [2003], Miguel Ángel Pérez Priego [2004; 2005] o Javier San José [2013; 2015b; 2018], entre otros muchos investigadores del primer teatro renacentista que reconocen el gran potencial de los textos conservados y atienden a sus posibilidades escénicas y escenográficas[3].

Asimismo, se han desarrollado proyectos de investigación para abordar la recuperación de nuestro patrimonio teatral renacentista: el *TESAL 16. Documentación, Edición, Estudio y Propuestas de Representación del Teatro del Siglo XVI en Salamanca*, dirigido por Javier San José Lera, y los proyectos *PTCE. Primer Teatro Clásico Español: Plataforma para la investigación textual y escénica del Teatro Español del XVI (1496-1542)* y *Catalogación, edición crítica y reconstrucción escénica del patrimonio teatral español de mediados del siglo XVI (TEAXVI)*, ambos bajo la dirección de Julio Vélez Sainz[4].

Dado que se están obteniendo resultados positivos, es vital proseguir la labor iniciada por los investigadores citados. Con este propósito, se aborda, en este trabajo, la reconstrucción de las marcas de teatralidad insertas en las obras dramáticas de Juan Encina conservadas en los impre-

---

[3] Mercedes de los Reyes [2018: 29-36] repasa los trabajos y proyectos de investigación que analizan este teatro y señala la evolución positiva en su estudio desde los años ochenta hasta la actualidad.

[4] La celebración de jornadas y congresos dedicados al primer teatro renacentista y edición de las obras teatrales de los dramaturgos quinientistas favorece la recuperación del teatro renacentista castellano. Asimismo, hay que mencionar los portales de la Biblioteca Virtual Miguel de Cervantes dedicados a las figuras de Juan del Encina [Río, 2014], Lucas Fernández [San José, 2015c] y Torres Naharro [Vélez-Sainz, 2016], integrados en el sitio Teatro Clásico Español, coordinado por Germán Vega García-Luengos.

sos teatrales del siglo XVI. En definitiva, esta búsqueda de teatralidad en los textos dramáticos preservados surge de la necesidad de valorar el primer teatro renacentista de la manera más fidedigna y efectiva posible. En consecuencia, el propósito de esta investigación es releer el teatro enciniano desde la teatralidad de sus obras, y considerarlo una pieza esencial para el desarrollo del teatro castellano posterior.

ᔧ ᔦ

Este estudio es resultado de mi investigación predoctoral, *La teatralidad de las obras dramáticas de Juan del Encina. Texto espectacular y puesta en escena* (Universidad de Salamanca, 2020). Su realización ha sido posible gracias al apoyo de diversas personas y entidades. Por un lado, mi investigación se ha beneficiado económicamente de dos instituciones. En primer lugar, de la Fundación Villalar-Castilla y León, que me concedió una beca predoctoral (convocatoria hoy extinta); y, en segundo, este trabajo debe mucho al disfrute de un contrato predoctoral cofinanciado por la Junta de Castilla y León, a través de la Consejería de Educación, y por el Fondo Social Europeo, programa Operativo de Castilla y León, a través del cual me fue posible desarrollar mi tesis doctoral en el Departamento de Literatura Española e Hispanoamericana de la Facultad de Filología de la Universidad de Salamanca.

Este trabajo se inscribe, además, en el proyecto de investigación *TESAL 16. Documentación, Edición, Estudio y Propuestas de Representación del Teatro del Siglo XVI en Salamanca* (referencia FFI2011-25582), dirigido por el profesor Javier San José Lera y financiado por el Ministerio de Economía y Competitividad. La investigación se enmarca, asimismo, en el proyecto de investigación *MANOS. Ampliación y exploración de la base de datos de manuscritos teatrales áureos (ASODAT Tercera Fase)*, financiado por Ministerio de Ciencia, Innovación y Universidades (referencia PID2022-136431NB-C61) y dirigido por el profesor Alejandro García Reidy. También ha sido realizado en el marco del proyecto de investigación titulado *La fiesta mitológica cortesana durante el reinado de Carlos II: doctrina, catalogación, edición crítica y recreación virtual. FIMITCO* (referencia PID2022-141448NB-I00), financiado por Ministerio de Ciencia, Innovación y Universidades y dirigido por el profesor Francisco Sáez Raposo. Por último, esta investigación se inscribe dentro del grupo de investigación *PROTEO: Poder y representaciones festivas (1450-1750)* de la Universidad de Burgos, coordinado por la profesora María Luisa Lobato López.

Sin todas estas oportunidades brindadas por diferentes entidades, estas líneas que hoy escribo no podrían existir, como tampoco existirían sin el apoyo de todas aquellas personas que me han acompañado durante este viaje.

Gracias por creer en mí.

Acto 1. Una metodología con perspectiva interdisciplinar[5]

GENERALMENTE, EL OBJETIVO de producir un texto dramático es representarlo ante un público, y así lo ideó Juan del Encina cuando componía sus obras teatrales. Solo en una etapa posterior a su escenificación se iniciaba el proceso de impresión del texto teatral. Así pues, las obras teatrales de Juan del Encina –y los textos dramáticos renacentistas conservados actualmente– son el producto de un proceso de impresión. Esta transformación del texto creado para su representación a texto impreso tenía como principal objetivo la conservación de esas obras [Surtz, 1979: 149].

Sin embargo, en ese traslado de lo oral a lo escrito, el texto experimentaba una pérdida de la materia teatral que debió de acompañar al texto dramático en origen. La causa principal de la supresión de los elementos teatrales del texto dramático en esta época es la ausencia de codificación del teatro en un formato específico que exhibiera las singularidades del texto espectacular. De esta forma, se perdía la información teatral que, de forma convencional, se recoge en

---

[5] Este epígrafe recoge algunas de las consideraciones expuestas en Sánchez Hernández [2023: 63-86].

las didascalias y que visibilizan los recursos escénicos que debían emplearse en una representación.

Dada, pues, la posterior fijación de los textos en impresos renacentistas y su consecuente pérdida de materia teatral, debemos aplicar un conjunto de estrategias para tratar de reconstruir –con las limitaciones con las que contamos–, la forma en la que los textos teatrales de Encina pudieron ser representados en el siglo XVI. Se trata, pues, de recuperar el «evento» partiendo del «monumento» que se nos ha conservado en letra de molde [Chartier, 1999: 1-27]. Debemos, por tanto, «leer en la obra dramática el texto dramático correspondiente» [García Barrientos, 2003: 42].

Dada esta peculiaridad del teatro renacentista impreso, hay que tener en cuenta que el texto teatral conservado presenta una metamorfosis de su estadio inicial, el de su escenificación [Hermenegildo, 2001: 10]. Por su parte, Emilio de Miguel advierte de que, «cuando abordamos el estudio del teatro, o más exactamente del texto teatral, estamos centrando nuestra atención en una forma literaria, sí, pero en una forma literaria impura, gozosamente impura» [Miguel Martínez, 2015: 166]. Por ello, subraya «la conveniencia de leer teatro haciendo justicia a toda la fuerza escénica del texto como imperativo derivado del criterio teatral con que ese texto fue escrito» [Miguel Martínez, 2015: 168-169]. Debido, pues, a las consecuencias de la fijación impresa del texto teatral en los moldes de la «institución literaria» [Chartier, 1999: 1-7], es necesario atender a los cambios ocurridos en el texto dramático con el objetivo de establecer una interpretación completa del hecho teatral.

En consecuencia, ha sido necesaria la aplicación de una metodología ecléctica que se fundamenta en una labor interdisciplinar. Este método es resultado de la unión de enfoques filológicos y semióticos –con procedimientos propios de la semiótica y la semiología teatral–, así como el manejo de investigaciones relacionadas con otras disciplinas –como la iconografía y la iconología–, y de otras manifestaciones artísticas –como la música, la danza y el canto.

El estudio del teatro se ha abordado de manera «que ninguno de los aspectos que integran el espectáculo dejara de ser tratado, abandonando la exclusividad de los 'planteamientos literarios'» y afrontando «desde una pluralidad metodológica estas cuestiones esenciales, pero para otorgarles significado en el marco de la realidad teatral: lugar-escenario-actores-público, etc.» [Díez Borque, 1983: 13].

Este eclecticismo metodológico emprende una mirada en profundidad del texto teatral y viene impuesto por la propia naturaleza multidisciplinar del fenómeno teatral. Este, como principio epistemológico, alienta el concepto de «práctica escénica», que ha sido desarrollado con tanto fruto por Joan Oleza [1984].

1. El enfoque semiótico

Ya se ha señalado que, tradicionalmente, el análisis del teatro renacentista se ha reducido, casi por completo, a estudio de aspectos meramente literarios. Ello ha provocado la limitación del estudio de lo espectacular en los textos teatrales. Por lo tanto, es necesario insistir en la importancia de observar el teatro en su totalidad, bajo la óptica de la semiótica y la semiología teatral. Esto es, debemos considerar su doble naturaleza teatral, como texto literario y como texto espectacular. Ambos son dos modos de constitución del texto teatral que no deben separarse.

Este análisis semiótico del texto espectacular comenzó con los estudios de Ronald Boal Williams [1935] y de Norman David Shergold [1967], quienes examinaron los textos teatrales conservados y las noticias sobre su representación. Estas primeras investigaciones, que consistían en la compilación de textos teatrales sin examinar en detalle las implicaciones dramatúrgicas en las representaciones teatrales, constituyen hitos en la creación de nuestra historia teatral renacentista.

La teoría de la semiótica teatral considera el teatro como algo más que un género literario, pues desglosa los componentes del texto teatral en dos textos diversos: el «*texto a*, que coincide con los otros géneros literarios con sus particularidades; y *texto b*, el texto escénico, que da especificidad teatral [...]. El hecho teatral resulta de la articulación de los dos textos» [Díez Borque 1975: 53]. Es decir, ambos, el «texto teatral» y el «texto literario», son dos caras indisolubles del hecho teatral [Hermenegildo, 1989: 9 y ss.; 1994; 1995a; Profeti, 1995; 1996; 2012]. Por tanto, hay que distinguir entre «teatro como fenómeno literario y como fenómeno espectacular, en su doble dimensión de texto escrito y de texto representado». Sin embargo, no conviene separar ambos textos, pues «la lectura y la representación son fases sucesivas de un proceso de comunicación único» [Bobes Naves, 1986; 1997: 15-34, 84-93]. A este respecto, Elaine Aston y Elaine Savona definen esta peculiaridad del teatro como «the dual identity of the dramatic text, its simultaneous existence as literary artifact and as blue print [esquema] for production» [Aston y Savona, 1996: 82-90].

En relación específicamente con el teatro español del siglo XVI, Joan Oleza subraya este rasgo particular del hecho teatral y resalta la noción de «práctica escénica» al afirmar que debemos asimilar la idea de que nuestra historia teatral solo es posible a partir de la totalización del hecho teatral como tal en su especificidad de espectáculo no siempre literario, tal como se concreta en el concepto de práctica escénica. En el interior de este concepto se aglutinan los datos de público, organización social, circuitos de representación, composición de compañías, técnicas escénicas, escenarios, etc.... y en el interior de este concepto el texto es un componente más, fundamental si se quiere, sobre todo si consideramos que es una de nuestras fuentes privilegiadas de información, pero no el elemento determinante de nuestras hipótesis históricas. *En última instancia nuestra mirada debe hacerse más «teatral»* [Oleza, 1984: 9].

Asimismo, los conceptos de «teatralidad» y de «parateatralidad» son de esencial importancia al estudiar este teatro. En efecto,

es necesario que se investiguen las órbitas concéntricas de teatralidad en la relación liturgia-fiesta-teatro, porque así fue la realidad y porque ceñirse a esos cuantos nombres y géneros habituales en las historias de la literatura [y del teatro] supone no sólo dejar en la oscuridad manifestaciones importantes de teatralidad, sino, lo que es más grave, desenfocar el problema del teatro en ese periodo, con una aséptica, cuanto irreal, pureza genérica, por más que hubiera unos cuantos géneros, con las bendiciones de *teatralidad completa* [Díez Borque, 1987: 496-499].

Así pues, la tarea del estudioso del teatro medieval y renacentista consiste en «perseguir, si no el teatro, sí por lo menos la *teatralidad* allí donde se esconda» [Allegri, 1990: 1]. Esa teatralidad puede definirse de la siguiente forma:

la teatralidad es lo que en una obra dramática depende de la
semiótica misma de la escena, haciendo abstracción del texto,
como objeto lingüístico y literario, y de la diégesis, de la intriga.
Más allá del material lingüístico y de la masa diegética, hay en
la obra dramática algo específico que ha sido dejado tradicionalmente en un segundo plano. Ese algo específico es la teatralidad [...]. La teatralidad, en vez de oponerse sistemáticamente
a todo lo que obedece a la expresión por la palabra, en vez de
identificarse exclusivamente con todo lo que no está contenido
en el diálogo mismo, puede verse también como el medio utilizado para que el texto dramático deje de manifestar su con-
sistencia plana [Hermenegildo, 2001: 9-10].

Aunque las acotaciones escénicas para la puesta en escena de las obras han desaparecido de muchos de los textos
teatrales conservados, su potencialidad escénica sigue per-
maneciendo, de forma implícita, en el texto literario, a través
de los diálogos de los personajes. Ello posibilita realizar una
reconstrucción de las representaciones teatrales del siglo XVI
[Chartier, 1999; García-Bermejo, 2003; 2014; San José, 2013;
2017].

La codificación impresa de esta teatralidad preexistente,
«de esas marcas de representación fijadas por los escritores
en todos los niveles de los textos conservados» [Hermenegil-
do, 2001: 14], puede realizarse de dos modos: mediante didascalias explícitas y mediante didascalias implícitas. Las didascalias explícitas son las direcciones escénicas, o
acotaciones teatrales, señaladas en el texto de manera explícita por parte del dramaturgo (o por el editor). Además de
las acotaciones, los impresos teatrales del siglo XVI contienen
otro tipo de didascalias explícitas que conviene examinar: el
título y los argumentos, los tacos xilográficos, los elencos de

personajes y las segmentaciones de partes [Hermenegildo, 2001: 45-51][6].

Además de las acotaciones, se deben examinar las didascalias implícitas –que pueden extraerse del texto dramático–, que «determinan las condiciones escénicas de la representación» y son, además, «un poderoso recurso ofrecido al lector para construir en su imaginación el entorno y los elementos necesarios para la comprensión de la fuerza dramática de un texto» [Hermenegildo, 2001: 40]. Es necesario, pues, atender a ambas tipologías de didascalias –implícitas y explícitas–, para establecer las circunstancias, así como los elementos que pudieron formar parte de una representación teatral de las obras de Encina.

Las didascalias implícitas y explícitas son de diversa tipología y funcionalidad: didascalias icónicas, didascalias motrices quinésicas, motrices prosémicas y enunciativas [Hermenegildo, 2001: 7-52]. Por un lado, las icónicas contribuyen a la identificación de los lugares teatrales y a la reconstrucción de la caracterización de los personajes en escena mediante la referencia de su vestimenta, atrezo y aspecto físico [Hermenegildo, 2001: 7-52]. En este sentido, es necesario estudiar la vestimenta como «portador de signos» y como uno de los distintos modos de transmisión de información del teatro [Díez Borque, 1975: 54-55; Profeti, 1982: 309; Pavis, 1993].

---

[6] Algunos estudiosos plantean que los argumentos de las didascalias de los textos teatrales del Quinientos son de manufactura editorial y no autorial, puesto que siguen el modelo de los *argumenta* y el aparato escolar que acompañaba las ediciones de Terencio impresas en las tres últimas décadas del siglo xv en Europa [Gilman, 1954: 71-72]. También conviene mencionar el tratamiento de los argumentos como un componente libresco, herencia del *accesus ad autores* de la tradición culta humanística [García-Bermejo Giner, 1998]. Sin embargo, los considero, con Hermenegildo [2001: 45], como didascalias explícitas que ayudan a la reconstrucción de la puesta en escena.

Los complementos de la figura humana sobre las tablas son «sistemas sígnicos extraverbales» muy potentes [Díez Borque, 1975: 49-92]. Es prácticamente lo primero que ve el espectador en una representación teatral, renacentista o actual. Por ello, es necesario fijarse en todos aquellos elementos que, de forma tópica, porta un determinado personaje teatral. Chartier ya puso de manifiesto la importancia de la vestimenta como un poderoso índice de jerarquía social para marcar diferencias [1999: 165]. Pero no solo colores, formas, tipología y otros aspectos del ropaje transmiten información acerca del personaje que los porta y les añaden funcionalidad teatral. Para analizar correctamente las implicaciones de la vestimenta escénica es necesario emplear la iconografía como apoyo; asunto en el que nos detendremos más adelante.

Por otro lado, las didascalias motrices quinésicas señalan los gestos y posturas de los personajes en escena. Las motrices prosémicas indican, a su vez, el movimiento de los personajes por el escenario, así como sus entradas y salidas de escena [Hermenegildo, 2001: 7-52]. Hay que localizar, pues, el gesto y el movimiento en la palabra del impreso teatral. Para ello, debemos recurrir a la quinésica, disciplina que estudia los movimientos del cuerpo humano y sus significaciones [Pavis, 1993; Rodríguez Cuadros, 1998: 315-323; Fischer-Lichte, 1999].

Es posible que existiera un lenguaje proxémico en la época medieval y renacentista que llegó a codificar los movimientos teatrales en una representación y a poseer significados y simbolismos. A pesar de que se intuye esa presencia tipificada, el ojo actual que percibe un determinado grabado o un gesto descrito se pierde en la distancia temporal y cultural y a veces solo es posible aprehender un sentido parcial de lo que se quería dar a entender con la ejecución de un determinado gesto [Hermenegildo, 2001: 118-120]. Este es un asunto muy relevante y trabajado en la iconografía medieval, y hay que apoyarse en los trabajos fundacionales de George Kernodle [1944], Émile Mâle [1952; 1986] y Santiago Sebastián López [1988; 1994], que comentaremos más adelante[7].

El conjunto de gestos, ademanes y posturas ejecutados por los representantes de las églogas dramáticas de Encina va acompañado de sus movimientos por el escenario. Esos movimientos de los representantes pueden ser clasificados en distintos tipos. Hay que distinguir, por un lado, las entradas y salidas de los personajes a escena, y, por otro, los movimientos que estos realizan por todo el escenario, creando lo que se ha denominado el «espacio lúdico» [Pavis, 1993, s. v. «espacio»; Bobes Naves, 1994: 250-251; 2001: 228-229; Rubiera, 2005: 113 y ss.].

Por último, las didascalias enunciativas muestran la presencia de música en las representaciones, así como el tono en el que los representantes pronuncian sus parlamentos, mediante gritos, susurros, llanto o silbidos, entre otros [Hermenegildo, 2001: 7-52]. La importancia del componente musical y del espacio sonoro en las obras teatrales renacentistas ha sido estudiada por algunos investigadores, entre los que destaco a modo de muestra a Pepe Rey [1978], pues más adelante me adentraré con detalle en el asunto.

Estas marcas de teatralidad, implícitas y explícitas, contribuyen a recuperar la naturaleza oral performativa que poseyó el texto teatral cuando fue creado. En este sentido, la aplicación de la metodología propuesta por Alfredo Herme-

---

[7] Albalá Pelegrín [2012] realiza un acercamiento a los grabados como portadores de gestos codificados que ayudan a reconstruir la gestualidad de una determinada puesta en escena.

negildo [2001] permitirá adivinar todo un entramado de posibilidades teatrales que apuntan a la potencialidad escénica
conservada en la página impresa del teatro renacentista. Por
eso, su propuesta metodológica me ha servido, en lo fundamental, de modelo de mi propio método de análisis.

Por último, es necesario detenerse en una cuestión importante derivada de la teoría semiótica acerca de los espacios
teatrales. En teatro, «espacio» puede designar elementos dife-
renciados, implicados en el análisis del texto teatral: el «espacio teatral», el «espacio dramático», el «espacio lúdico», el «espacio escénico» y el «espacio escenográfico». Los distintos
tipos de espacios están interconectados en la representación
de un texto dramático y aparecen en el texto teatral como
didascalias icónicas de lugar, tanto implícitas como explícitas
[Hermenegildo, 2001: 7-52].

En primer lugar, el concepto de «espacio teatral» es el lugar físico en el que se representa la obra dramática; es decir,
el lugar en el que público y representantes se reúnen para
presenciar, en el caso de los espectadores, y escenificar, en
el de los representantes, una pieza teatral sobre un escenario [Elam, 1980: 98-134; Ubersfeld, 1989: 109-136; Bobes Naves, 2001: 223-345; Castro Caridad, 2003: 55-68]. Cuando Encina escenifica sus piezas dramáticas, aún no existe un
espacio habilitado específicamente para su representación,
es decir, el edificio de teatro actual [Surgers, 2009: 61]. Por
ello, para representar las piezas dramáticas en esta época se
emplean espacios físicos que, de común, no poseen la función de albergar representaciones teatrales, pero que se ha-
bilitan para dicho acontecimiento y para otros de corte pa-
rateatral. Estos tres grandes espacios –la calle, la corte y la
iglesia– [Bobes Naves, 2001: 228-229; Allegri, 1990] se co-
rresponden con los tres grandes focos de creación de piezas

teatrales y parateatrales, que son los ambientes con los que Encina se relaciona.

Por su parte, el «espacio dramático» es el lugar ficticio de la fábula; es decir, el lugar en el que habitan los personajes dramáticos y en el que transcurre la acción de las piezas. Este concepto considera las referencias locativas en el texto dramático como parte del espacio ficticio teatral y examina el modo en el que todas ellas conjugan el espacio dramático visible o no en escena [Bobes Naves, 1997; Elam, 1980: 98-134; Ubersfeld, 1989: 109-136].

El «espacio lúdico» se crea mediante los movimientos y gestos de los representantes [Pavis, 1993, s. v. «espacio»; Cueto, 2007]. Este espacio señala cuándo entran o salen los personajes y cómo han de situarse y moverse por el escenario [Bobes Naves, 1997: 409]. En él, suelen establecerse relaciones opuestas cerca/lejos, dentro/fuera [Bobes Naves, 1997: 414].

El «espacio escénico» es aquel lugar en el teatro que contiene los elementos de decorado, atrezo y escenografía para representar una pieza dramática [Elam, 1980: 98-134; Ubersfeld, 1989: 109-136]. Dadas las características del teatro cortesano, el «espacio escénico» lo constituirá una parte del «espacio teatral». El empleo del espacio escénico como espacio dramático se puede apreciar en algunas piezas de Encina en las que un elemento real del espacio teatral funciona también como elemento de ficción en el espacio escénico [Regueiro, 1996: 9].

Por otro lado, el «espacio escenográfico» es la realización efectiva del espacio dramático en un espacio escénico. En ocasiones, se tratará de espacios verbales, construidos exclusivamente por la palabra mediante la técnica del decorado verbal o de la ticoscopia; otras veces, serán no verbales, configurando este espacio mediante el vestuario de los personajes, el decorado y otros accesorios [Rubiera, 2005: 90-94]. El teatro áulico del primer teatro castellano se caracteriza por una escasez de decorados o de tramoyas teatrales [Ferrer, 2004: 506]. Para suplir esta falta, se recurre a elementos diversos que sirven como decorado, como reproducciones escultóricas en madera o lienzos pintados [Ferrer, 1992: 315; San José, 2015b]. Asimismo, se emplean normalmente telones o cortinas para cubrir o descubrir escenas, las llamadas «apariencias» [Egido, 2009: 134-136]. Con la influencia del teatro italiano renacentista llegará la perspectiva teatral, que se realiza a través de escenografía pintada, que sigue las leyes de la pintura renacentista, y que presenta un punto de fuga situado al fondo [Bobes Naves, 1997: 429; González Román, 2001: 116-122; Surgers, 2009: 116-120].

2. La mirada iconográfica

Para poder reconstruir la teatralidad de las obras dramáticas de Encina, recurriremos en nuestra investigación a dos disciplinas relacionadas entre sí: la iconografía y la iconología, que tratan del estudio y la interpretación de las imágenes en su contexto de producción[8]. Puesto que el teatro sobresale por su carácter visual, es esencial recurrir a estas dos materias para interpretar las implicaciones de las artes plásticas

---

[8] Conviene señalar la diferencia entre iconografía e iconología. La primera –*ikon*, la 'imagen', y *grafía*, 'escribir'– implica un método descriptivo. La iconología –de *logos*, 'pensamiento, razón'– es una interacción entre varios aspectos como la influencia de ideologías políticas o filosóficas, por lo que es un trabajo interpretativo en un nivel más profundo de análisis [Sebastián López, 1994: 52-53]. La iconología es una iconografía que se ha vuelto interpretativa [Panofsky, 1995: 51].

en la reconstrucción icónica de las representaciones teatrales de las obras de Encina.

Esta perspectiva interdisciplinar ayuda a conocer e interpretar la vestimenta, la caracterización física de los personajes, la gestualidad, el atrezo y la escenografía contenidos en el texto impreso y a averiguar cómo pudieron ser interpretados en las representaciones teatrales. Como vimos en el epígrafe anterior, la semiótica y la semiología teatral también estudian estos elementos preservados en los textos teatrales a través de las didascalias icónicas. Sin embargo, la metodología propuesta por Alfredo Hermenegildo [2001] no incidía lo suficiente en el uso de la iconografía y la iconología en el análisis teatral. Es por ello por lo que recurrimos a los trabajos de George Kernodle [1944], Émile Mâle [1952; 1986] y Santiago Sebastián López [1988; 1994: 47-78].

Más allá de mostrar el resultado de la unión de colores y formas, las obras artísticas envuelven un mensaje e ilustran ideas [Sebastián López, 1994: 54]. Podría decirse que Encina, como Gil Vicente, es un creador de imágenes en escena [Sales, 2005: 16], pues utiliza las artes visuales de su época para construir su teatro. El arte codifica realidades en sus manifestaciones, pues muestra maneras tópicas de caracterizar a los personajes, la vestimenta y los espacios. Por ello, las representaciones teatrales muestran semejanzas con las distintas producciones artísticas [Sales, 2005: 14]. Ciertamente, las ceremonias litúrgicas y parateatrales «han dejado una huella indeleble en la historia del arte, de ahí su importancia en la iconografía» [Sebastián López, 1994: 95] y, viceversa, los elementos escenográficos renacentistas son un reflejo del arte previo; es decir, las artes decorativas influyeron en el teatro [Kernodle, 1944]. Por tanto, existe una afinidad recíproca entre el teatro medieval y las artes plásticas coetáneas [Réau, 1997: 83-86].

Dado que las imágenes tardomedievales y renacentistas son portadoras de una simbología y de unos tópicos concretos que se reproducían, casi de forma invariable, en gran parte de las manifestaciones artísticas de la época, se debe pensar que en las representaciones teatrales sucedía algo similar; es decir, existía un repertorio iconográfico para caracterizar personajes, objetos y lugares [Shoemaker, 1957: 4]. Como resultado, surge una contaminación de las artes [Sales, 2005: 17-21], que es un proceso natural si pensamos que en una misma corte se reúnen artistas variados que comparten sus creaciones artísticas y que intercambian ideas. A estos préstamos recíprocos entre arte y espectáculo se ha referido también Francesc Massip, que propone una metodología de análisis del teatro a través de la iconografía [2004; 2014]. Por su parte, Bayard [2010] y Van Eck y Stijn [2011] analizan la influencia de Serlio y Palladio – tras la difusión y el estudio de los textos de Vitruvio–, en la construcción de los espacios escenográficos renacentistas.

Por otra parte, es esencial recordar la importante política arquitectónica y escultórica de finales del siglo xv de (re)construcción de castillos y palacios regios y nobiliarios en Castilla y de creación de imaginería sacra y religiosa para sus ceremonias [Domínguez Casas, 1993: 27-200; González García, 2004: 100-101] y para exhibir su riqueza y poder [Strong, 1988: 17-72; San José, 2018: 260-262], puesto que ello influirá en la concepción de la puesta en escena de las representaciones teatrales estudiadas aquí por tratarse de un teatro mayoritariamente cortesano [Weigert, 2011; Sánchez Hernández, 2017b; 2019b].

Además de los objetos suntuarios reseñados, en el conjunto de los materiales iconográficos relevantes para el estudio del espacio escenográfico, hay que señalar la importancia de los grabados y las ilustraciones contenidas en los textos teatrales, pues son esenciales para ofrecer una completa comprensión del hecho teatral, ya que reconstruyen una hipotética escenografía e ilustran al lector con aspectos visuales como la vestimenta o los gestos [Chartier, 1999: 37]. Aunque generalmente la crítica no considere las xilografías como didascalias explícitas, los tacos sirven para suplir la carencia de direcciones escénicas ayudando al lector del texto teatral a reconstruir la puesta en escena. Por eso, son válidas para remarcar la teatralidad [San José, 2013: 303-308]. No obstante, no conviene olvidar la intercambiabilidad de xilografías entre distintas imprentas y diferentes tipos de impresos [Fernández Valladares, 2003]. Los tacos xilográficos son, en definitiva, un potente instrumento facilitado al lector para realizar una representación mental de la pieza dramática en cuestión incluyendo elementos de diversa índole como la tipología de los personajes, la escenografía, el atrezo o las posturas, que actúan «a modo de ventana abierta a los ojos del que lee» [San José, 2013: 327].

3. El espacio sonoro

En las representaciones teatrales, el espacio sonoro se crea con variados ruidos escénicos, como gritos, susurros o silbidos, y con composiciones musicales para favorecer la fuerza dramática de los textos teatrales [Hermenegildo, 2001: 45-51; Castro Caridad, 2003: 81-82]. En este estudio, nos centraremos, sobre todo, en la presencia escénica de la música, dado que existe en los textos renacentistas una importante ligazón entre teatro, música y canto. En este sentido, no conviene olvidar que Encina era, además de dramaturgo, músico; fue uno de los primeros protagonistas de la nueva canción polifónica ibérica y del villancico [Morais, 1997: 32; Ruiz Mayordomo, 1999: 293-285].

La música posee una variada funcionalidad en las obras teatrales renacentistas: «tiene un importante papel semiótico y dramático, connotativo, más allá de la palabra y es capaz de conmover a partir del universo de los afectos y emociones», la música es capaz «de emocionar y conmocionar» [Rossell, 2012: 247-248]. La presencial musical acompaña a la acción dramática, amplificando o invirtiendo los signos de otros sistemas, y también complementa las entradas y salidas de los personajes [Kowzan, 1992: 185-187].

En esta época, la música era imprescindible en todo tipo de ceremonias y espectáculos cortesanos europeos. El teatro enciniano se gesta en un contexto cortesano; por ello, debemos recordar la importancia de la música en las cortes nobiliarias de finales del siglo xv e inicios del xvi. Además, la danza posee una fuerte vinculación con el villancico en las representaciones teatrales [Sánchez Hernández, 2017a]. Los propios nobles protagonizaban danzas en todo tipo de celebraciones medievales, como se aprecia en la tradición de los momos o en las relaciones de fiestas de la época [Asensio, 1970: 182-186; Rey, 1978; Ruiz Mayordomo, 1999: 283]. Asimismo, la música estaba muy ligada a la vida religiosa que los nobles desarrollaban en sus capillas en este periodo [Knighton, 2001: 111].

Por tanto, dado el papel esencial de la música en diversos acontecimientos nobiliarios, es natural que Encina –y otros dramaturgos de la época– aprovechara esta realidad, la introdujera como recurso dramatúrgico en sus obras y la convirtiera en parte integral del hecho teatral renacentista.

Acto 2. Análisis del texto espectacular de las obras encinianas[9]

A CONTINUACIÓN, se analizarán las huellas de los elementos dramatúrgicos que pudieron intervenir en las representaciones de las seis piezas teatrales de Juan del Encina recogidas en dos cancioneros encinianos y en varios pliegos sueltos del siglo XVI. En primer lugar, centraremos nuestra mirada en el *Cancionero de todas las obras de Juan del enzina con otras cosas nuevamente añadidas*, publicado el 5 de enero de 1507 en la imprenta salmantina de Hans Gysser. De este cancionero, se estudiarán las posibilidades teatrales de la *Égloga trobada por Juan del Enzina, representada la noche de Navidad* y de la *Representación por Juan del Enzina ante el muy esclarescido y muy illustre príncipe don Juan* (titulada por la crítica moderna como *Representación sobre el poder del Amor* o como *Triunfo de Amor*).

En segundo lugar, nos detendremos en el *Cancionero de todas las obras de Juan del Enzina con las coplas de Zambardo: τ con el Auto de repelón en el que se introducen dos pastores, Piernicurto y Johan para τ y con otras cosas nueva-*

---

[9] Sigo la edición de Alberto del Río [Encina, 2023] para citar fragmentos de las obras teatrales. Por tanto, todos los versos y páginas citadas remiten a dicha edición.

mente añadidas, que vio la luz el 7 de agosto de 1509 en Salamanca, en la misma imprenta de Hans Gysser que el cancionero anterior. El impreso incluye como novedad el *Auto del repelón* y la *Égloga en la qual se introduzen tres pastores* (*Égloga de Fileno, Zambardo y Cardonio* o *Égloga de tres pastores*, según la crítica moderna).

Por último, analizaremos los textos teatrales de otras dos piezas que solo se difundieron a través de pliegos sueltos. Se trata de la *Égloga nuevamente trobada por Juan del Enzina, adonde se introduze un pastor que con otro se aconseja* (también denominada *Égloga de Cristino y Febea*) y la *Égloga de los enamorados Plácida y Vitoriano* (conocida modernamente como *Égloga de Plácida y Vitoriano*).

1. El *Cancionero* de 1507

Tras la publicación de la primera edición del *Cancionero las obras de Juan del Enzina*, impreso en Salamanca el 20 de junio de 1496, que contiene sus ocho primeras piezas teatrales, debemos esperar hasta la impresión, también salmantina, del *Cancionero de todas las obras de Juan del enzina con otras cosas nuevamente añadidas* el 5 de enero de 1507 en la imprenta de Hans Gysser, para encontrarnos con material teatral nuevo [Encina, 1507][10]. El impreso recogerá por primera vez la *Égloga trobada por Juan del Enzina, representa-*

---

[10] Se conserva un único ejemplar de esta edición en la Biblioteca del Palacio Real. Ha sido descrita y estudiada al detalle por Bartolomé Gallardo [1866: 822-824], Norton [1978: 204], Humberto López Morales [2000: 105-108], Vicente Beltrán [1998: 78 y 1999: 32], María Jesús Framiñán de Miguel [2012-2013] y Alberto del Río [2016]. Aparece indexada en la base de datos del proyecto *Iberian Books* [Wilkinson, 2010-2018].

da la noche de Navidad (más conocida por la crítica moderna como *Égloga de las grandes lluvias*) y la *Representación por Juan del Enzina ante el muy esclarescido y muy illustre príncipe don Juan* (también denominada *Representación sobre el poder del Amor* o erróneamente designada como *Triunfo de Amor*). Estas dos piezas teatrales serán el objeto de nuestro análisis en este epígrafe.

Sin embargo, antes de la aparición de este nuevo cancionero salmantino, se publicarán otras dos ediciones cancioneriles que no contienen piezas teatrales nuevas, sino que reproducen las contenidas en la edición prínceps. Se trata del *Cancionero de las obras de Juan del Enzina*, publicado en la imprenta de Juan Pegnicer y Magno Herbst en Sevilla el 16 de enero de 1501, y del *Cancionero de todas las obras de Juan del Enzina con otras añadidas*, salido del taller burgalés de Andrés de Burgos el 13 de febrero de 1505.

El *Cancionero* impreso por Hans Gysser en 1509 recoge, por primera vez, las ya citadas *Representación por Juan del Enzina ante el muy esclarescido y muy illustre príncipe don Juan* y la *Égloga trobada por Juan del Enzina, representada la noche de Navidad*, escenificadas en 1497 y 1498, respectivamente. Ambas fechas de escenificación nos indican que las piezas podrían haber sido incorporadas en la edición cancioneril de 1501, primero, y en la de 1505, después. Sin embargo, es ahora, en el impreso salmantino (o precisamente por ello) donde se imprimen por primera vez. En el caso de la *Representación sobre el poder del Amor*, esta pieza se difundirá también en pliegos sueltos más tardíos; todos estos testimonios conservados serán analizados para valorar las consecuencias teatrales de las variantes que contienen.

Ambas obras se imprimen en el cancionero de 1509 tras las ocho piezas teatrales ya publicadas en 1496; es decir, parece que el sistema elegido para imprimir las piezas en el cancionero está basado en el orden cronológico, pues, si se quisiera seguir un sentido temático, la *Égloga de las grandes lluvias* debería haberse colocado tras las dos primeras églogas navideñas de la prínceps. Hay que aclarar, sin embargo, que el sistema cronológico solo se sigue a grandes rasgos: se separa explícitamente la primera producción dramática (*Cancionero* de 1496) de la que se imprime aquí por primera vez, pero la producción dramática novedosa no se inserta respetando su fecha de representación, ya que la *Égloga de las grandes lluvias*, impresa en primer lugar, se escenificó un año después que la *Representación sobre el poder del Amor*. Así pues, el criterio temático original se sigue respetando, si bien se emplea una ordenación jerárquica superior, que es la de diferenciar la nueva producción teatral de la ya conocida. Este es el orden que seguiremos en nuestro análisis dramatúrgico.

1.1. La *Égloga trobada por Juan del Enzina, representada la noche de Navidad*[11]

Siguiendo el criterio ordenador establecido en el *Cancionero* de 1507, comenzamos a examinar el análisis de las posibilidades teatrales de la *Égloga trobada por Juan del Enzina,*

---

[11] Una aproximación a las posibilidades teatrales de esta pieza se llevó a cabo en Sánchez Hernández [2019b]. Esta pieza ha sido poco atendida por la crítica, pues los investigadores solo se han acercado a ella para señalar su alto componente autobiográfico y para referirse a esa etapa posterior al servicio de los duques de Alba. Tratan de esta égloga Yvonne Yarbro-Bejarano [1983], aunque su planteamiento no analiza su teatralidad, y Álvarez Pellitero [1994], que sí realiza un análisis teatral de la pieza.

representada la noche de Navidad. Esta será la última pieza de carácter sagrado compuesta por Encina, pues su producción dramática posterior es de temática profana; en ella, Encina teatralizará los tópicos del amor cortés.

Como acabamos de señalar, esta égloga (a la que también me referiré como *Égloga de las grandes lluvias*) se debió de escenificar en la Nochebuena de 1498. Así lo señala su rúbrica inicial («*representada la noche de Navidad*», p. 91) y el propio parlamento del pastor Juan:

> Pernotar, asmo, se deve,
> tan grande tresquelimocho
> año de noventa y ocho
> y entrar en noventa y nueve [vv. 81-84].

La pieza puede dividirse en dos grandes partes: la primera de ellas [vv. 1-192], de contenido profano, trata –según la rúbrica inicial– «*sobre los infortunios de las grandes lluvias y la muerte de un sacristán*» [p. 91]; la segunda [vv. 193-256] introduce el tema sacro del Nacimiento de Jesucristo («*un Ángel aparesce y el nascimiento del Salvador les anunciando, ellos con diversos dones a su visitación se aparejan*», p. 91), que es el motivo principal por el que Encina compone la obra, al igual que sucedió con la *Égloga representada en la noche de la Natividad de Nuestro Salvador* y la *representada en la mesma noche de Navidad*, escenificadas en la capilla ducal de Alba de Tormes ante sus señores los duques [Sánchez Hernández, 2023: 88-115].

La *Égloga de las grandes lluvias* formaría parte de una celebración más amplia de la Navidad por parte de los organizadores de la fiesta que han encargado una obra a Encina. El contexto sería similar al de las dos primeras églogas navideñas del autor, es decir, la obra se insertaría en la celebración de la liturgia de Navidad auspiciada por los duques de Alba [Sánchez Hernández, 2023: 88-93]. Sin embargo, en esta ocasión, desconocemos a los destinatarios de la pieza. No existe un introito (como sí sucede en otras piezas de Encina) en el que se salude y se alabe a los anfitriones de la fiesta, como destinatarios mudos, antes de que comience la acción teatral propiamente dicha.

Desconocemos, asimismo, el espacio escénico destinado para su representación, ya que la rúbrica inicial no señala nada al respecto y tampoco existen referencias internas en el texto que permitan extraer hipótesis (no se trata de *la sala adonde los maitines se dezían»* de las primeras églogas navideñas)[12]. Asimismo, tampoco se apunta a un espacio concreto consagrado a la liturgia como lugar de representación. Por tanto, no podemos certificar [ni descartar] que la pieza se representara en el palacio de los duques de Alba. Esto podría significar que «la égloga se representó por primera vez sin ellos y fuera de su palacio», como ya apuntó Rosalie Gimeno [Encina, 1977: 3].

No obstante, la estancia en la que se escenifica la obra estaría adornada con objetos suntuosos y lujosos con motivo de la Navidad, de forma similar a lo descrito en Sánchez Hernández [2023: 90-93]. Así pues, tanto si se trata de una sala o capilla palaciega, de un recinto eclesiástico, como la catedral

---

[12] Álvarez Pellitero [1994: 94] señala que la *Égloga de las grandes lluvias* se representó en la misma sala palaciega de los duques de Alba en la que se habían escenificado las dos églogas navideñas anteriores, aunque no aporta indicios para ello. Hay que señalar la existencia de cierto tono de reproche hacia los duques [versos 109-112] que no casa bien con este espacio. El hecho de que Encina tuviera casa en Salamanca en 1497 [Sánchez Hernández, 2023: 54], puede avalar la idea de que fuera otro, y no el palacio ducal, el espacio de esta representación.

de Salamanca, o de una capilla universitaria del Estudio salmantino, el espacio escénico luciría paños, tapices y otros
objetos pictóricos y escultóricos colocados exprofeso para la
celebración del ciclo litúrgico navideño. En cualquiera de los
tres casos, existen testimonios documentales que corroboran
esta práctica de ornamentación del espacio sagrado en ocasiones especiales [Sánchez Hernández, 2023: 30-33].

A diferencia de la segunda égloga navideña de 1492, en la
que se realizaba una exhibición del conocimiento de las
fuentes bíblicas, en esta se emplean escasas referencias a los
textos bíblicos[13]. Los nombres de los personajes, excepto el
de Juan (que coincide con el de nuestro dramaturgo, como
sucede en otras églogas navideñas), tampoco son ya bíblicos. Esto quizás esté relacionado con el tipo de auditorio
para el que iba destinada la pieza, quizás menos selecto que
los destinatarios del entorno ducal de la égloga, o tal vez con
gustos menos exquisitos. O, acaso, también pudiera deberse
a que Encina ya no debe demostrar *que a más se estendía su
saber*, como hace notar en la primera égloga navideña
[p. 5][14].

Entonces, ¿a quién iba destinada la representación de esta
Égloga de las grandes lluvias? ¿Quién realizó el encargo? ¿Se
escenificaría en un contexto universitario? Un testimonio documental vincula a Encina con la Universidad de Salamanca:

---

[13] Rosalie Gimeno [Encina, 1977: 5] recoge las fuentes bíblicas a las que recurre
Encina al construir esta pieza teatral. Lilia Ferrario de Orduna [1964: 154-155]
refiere la influencia del *Evangelio árabe de la Infancia* y del *Liber de Infantia
Salvatoris* en la pieza enciniana. Por su parte, John Brotherton [1975: 7-9] realiza
un análisis de contenido y de semejanzas meramente temáticas en las obras navideñas del primer teatro renacentista castellano.

[14] Álvarez Pellitero, tras comparar las dos églogas de temática navideña (la segunda y la novena) afirma que en ellas «el mismo espacio y el mismo tema dan
pie a dos realizaciones dramáticas absolutamente diversas» [1994: 94-95].

medio año antes de representar la égloga, nuestro dramaturgo recibe un pago de don Fadrique, duque de Alba, para estudiar en la capital charra:

di y pagué carta mandamiento del Duque mi Señor fecha en Alba a 13 de Junio de 98 años a Juan del Encina, vecino de Salamanca, 3.000 mrs. de que Su S.ª le hace merced en cada un año para ayuda de su estudio [Fitz-James Stuart y Falcó, 1919: 26-27].

¿Permitiría esta vinculación de Encina con el Estudio ejercer como dramaturgo para celebrar la Navidad en el entorno universitario? ¿Se representaría en la capilla universitaria? Ciertamente, son fechas demasiado tempranas para el desarrollo del teatro universitario, pero el *Auto del repelón*, de temática claramente escolar [pues teatraliza las burlas estudiantiles comunes en la época] debió de representarse por estas fechas [en cualquier caso, suponemos que antes de 1509, que es cuando se recoge impresa en el *Cancionero* publicado ese mismo año por Hans Gysser]. El lenguaje es, asimismo, más marcadamente sayagués, como el del *Auto*. ¿Se escenificaría esta égloga en un contexto similar al que señala Ana María Álvarez Pellitero [1994: 95] para el caso de la *Égloga o Farsa* y del *Auto o Farsa del Nascimiento de Nuestro Señor* de Lucas Fernández? Es decir, ¿se trataría de un público heterogéneo, compuesto por personalidades eclesiásticas y pertenecientes al Estudio? Por desgracia, a falta de testimonios que corroboren esta teoría, todo queda en hipótesis.

Sin embargo, precisamente el testimonio documental referido sobre el pago que recibe anualmente Encina entre 1498 y 1500 [aunque se pueden intuir pagos anteriores, «le hace merced en cada un año»] por parte de Fadrique de Toledo nos muestra que nuestro dramaturgo sigue vinculado, al menos económicamente, a la Casa de Alba y podría, por ello, haber sido nuevamente requerido para componer y escenificar una nueva pieza navideña para ese año de 1498. La ausencia de un contenido marcadamente doctrinal podría deberse a un deseo de innovación teatral[15]. De nuevo, la ausencia de documentación solo permite conjeturas.

Por otro lado, la formulación de la rúbrica inicial contiene expresiones muy latinizantes, que se mantiene en esta edición de 1507 y en la posterior de 1509, también salmantina, impresa por Hans Gysser[16]:

Égloga trobada por Juan del Enzina, representada la noche de Navidad; en la qual a quatro pastores: JUAN, MIGUELLEJO, RODRIGACHO y ANTÓN llamados, que sobre los infortunios de las grandes lluvias y la muerte de un sacristán se razonaban, un ÁNGEL aparesce y el nascimiento del Salvador les annunciando, ellos con diversos dones a su visitación se aparejan [Encina, 2023: 91].

Su enunciación podría relacionarse con un contexto universitario. Si la comparamos con la que se contiene en la edición cancioneril publicada en Zaragoza en casa de Jorge

---

[15] Álvarez Pellitero [1994: 94] señala que en esta égloga «ha desaparecido todo vestigio de moralidad, cualquier referencia litúrgica, [y] la fraseología bíblica». También Alberto del Río [Encina, 2001: 321; 2023: 382] resalta la fuerte tendencia a la secularización en esta égloga, señalando las fuentes críticas que insisten en la idea.

[16] Miguel Ángel Pérez Priego afirma que la rúbrica publicada difiere de la de 1507 en los siguientes aspectos: «*representada en la noche de Navidad [...]. Un Ángel aparece a ellos y les anuncia el nacimiento del Salvador. Y ellos con diversos dones se aparejan para irle a visitar*» [Encina, 1991: 191].

Coci en 15 de diciembre de 1516, apreciamos que muestra una prosa menos latinizante y más clarificadora:

> *Égloga trobada por Juan del Enzina, representada en la noche de Navidad; a quatro pastores: Juan, Miguellejo, Rodrigacho y Antón llamados, que sobre los infortunios de las grandes lluvias y la muerte de un sacristán se razonavan. Un Ángel aparece a ellos y les anuncia el nacimiento del Salvador. Y ellos con diversos dones se aparejan para yrle a visitar* [Encina, 1516: fol. XCI-IIIv][17].

¿Apuntarían estas modificaciones a un cambio de destinatarios y a una mudanza de gusto? Desconocemos las circunstancias de representación y de publicación de ambos textos en los dos cancioneros citados. El contexto que envuelve a su representación no impide, con todo, realizar un examen en busca de huellas de los elementos teatrales que pudieron intervenir en la representación de esta pieza navideña.

El primer cambio que observamos en el tratamiento de los personajes de esta pieza, si la comparamos con la *Égloga representada en la mesma noche de Navidad* en 1492 es que los personajes son *«quatro pastores»* rústicos [p. 91]. Ya no ejercen el papel añadido de evangelistas; por tanto, su habla es más marcadamente sayaguesa, como apuntó Brotherton [1975: 5] y su comportamiento en escena es mucho más cómico y burdo que el mostrado en las obras anteriores.

La vestimenta de los cuatro protagonistas de la obra –Juan, Miguellejo, Rodrigacho y Antón– de la que nada se explicita

---

[17] Se advierte la omisión, también en las ediciones de 1507 y 1509, de la partícula *«se introduzen»*, que suele seguir a *«en la qual»* en todas las rúbricas iniciales de las églogas de Encina. Por su parte, en el *Cancionero* de 1516 se elide también *«en la qual»* [Encina, 1516, fol. XCIIIIv].

en el texto teatral [aparte del genérico «pastores»], sería similar al trazado en el análisis de las otras églogas teatrales, pues se trata de un atuendo tópico [Sánchez Hernández, 2015; 2023]. Estaría conformado, al menos, por el sayo, el zurrón y el cayado y seguramente por una prenda con capucha para poder estar «carrapuchados» (v. 40). Hay mención explícita, además, a algunos objetos que funcionan como atrezo, a los que aludiremos después; así como un espacio lúdico de especial relevancia (el juego de los pastores) y una apariencia del Ángel.

La pieza se abre con la entrada del pastor Juan en escena. Aunque el argumento de la rúbrica no lo señala explícitamente, este personaje es representado por el propio Encina. A ello apunta la acción teatral desarrollada en la primera parte de la obra, en la que se funde la biografía de nuestro dramaturgo con la del pastor cuando se relata la muerte del «canticador» [vv. 95-129], Fernando Torrijos, a cuya plaza se opone Encina [Espinosa, 1921: 649; Sánchez Hernández, 2023: 59]. Asimismo, existen precedentes en las otras dos églogas navideñas, en las que el pastor Juan actúa *«en nombre de Juan del Enzina»* [Encina, 2023: 5 y 13].

El pastor Juan inicia el diálogo teatral apelando directamente al pastor Miguellejo, al que acaba de divisar. Se produce, de esta manera, la construcción del espacio lúdico de la pieza a través del acá/allá, que permite reconstruir la distancia inicial que separa a ambos pastores:

JUAN   ¡Miguellejo, ven acá,
            por vida de Marinilla.
            Que esta noche qu'es vegilla
            gran prazer acudirá!
MIGUELLEJO ¡Anda allá!

Gasajémonos un cacho;
llamemos a Rodrigacho,
que también llugo verná. [vv. 1-8].

La escena inaugural es bastante ruidosa a juzgar por los gritos que profieren los pastores, según se desprende del propio parlamento pastoril [vv. 1-24]. Ese griterío pastoril, además de estar provocado por la lejanía inicial de los cuatro personajes, también se debe a que la acción transcurre en una noche de «grandes lluvias»; por ello, los pastores también deben combatir con sus voces el sonido de la tormenta.

Todo este ruido ambiental es necesario para construir el espacio sonoro de la escena. Así lo señalan varios momentos del texto: *las grandes lluvias*» [p. 91], «para tales temporales» [v. 28], «ogaño Dios a destajo / tiene tomado el llover» [vv. 51-52], «correncia tienen los cielos» [v. 54], «gran tormenta» [v. 58], «andiluvios grandes» [v. 67], «danos Dios gran tresquilón / ogaño con avenidas» [vv. 79-80], «agua y nieve / y vientos bravos, corrutos» [vv. 85-86], «ya dos meses a que llueve» [v. 88], «gran tormenta» [v. 145] y «antes que más llueva» [v. 254]. El espacio sonoro de la escena inicial, conformado por tormenta, viento y lluvia, podría haberse recreado a través de palos de agua para simular el agua de lluvia; máquinas de viento o bramaderas para simular el fuerte aire; así como barriles de piedras, carretillas o cajas de truenos o láminas de chapa para imitar los truenos de la tormenta[18].

Por otro lado, en esta escena inicial también se percibe el estado de alegría que invade a los pastores («gran prazer», «gasajémonos»). Este momento de euforia inicial debe trans-

---

[18] Esta maquinaria escénica se describe en el Centro Gabriela Mistral [2003: 12-15].

mitirse en escena de forma muy marcada tanto por el carácter rústico de los personajes como por el acontecimiento que celebran. Además, el tono de la pieza apunta a una representación nocturna que, si tenemos en consideración el ciclo navideño, debemos situarla en el contexto de celebración de maitines–«esta noche qu'es vegilla»–, en la Nochebuena de 1498.

Juan entra en escena buscando a Rodrigacho, que no es visible por los otros rústicos, y quizá tampoco por el auditorio, porque está «tras las barrancas», «encovado allá detrás» [vv. 10 y 12], es decir, en un espacio no visible. Su voz oída, pero no vista, podía crear un efecto de sorpresa. La respuesta de Rodrigacho inicia un nuevo diálogo pastoril en el que se continúa con el juego del espacio lúdico del aquí/allá y con el ruido de los gritos pastoriles:

JUAN	Rodrigacho, ¿dónde estás?
RODRIGACHO	Aquí estoy, tras las barrancas.
JUAN	Llugo, llugo te abarrancas,
	encovado allá detrás.
	Ven, verás,
	haremos dos mill quellotros.
RODRIGACHO	Mas andad acá vosotros
	y, soncas, seremos más.
JUAN	¿E quién est'allá contigo?
RODRIGACHO	No volo quiero dezir.
	Vení, si queréis venir,
	ternéis lumbre y buen abrigo.
JUAN	Digo, digo,
	dome a Dios, qu'est'allá Antón.
	¡O del gran acertajón!
	Vamos allá, miafé, amigo. [vv. 9-24].

Los deícticos señalan verbalmente la distancia entre los pastores Juan y Miguellejo, por un lado, y de Rodrigacho y Antón, por otro. Se intuye también un ligero movimiento de Juan, primero, hacia estos dos pastores, con el que parece descubrir al otro rústico que está con Rodrigacho («dome a Dios, qu'est'allá Antón»). Después, se inicia el movimiento de ambos pastores hacia las barrancas: «Vamos allá, miafé, amigo».

También se señala el espacio dramático representado en escena: «barrancas», «encovado», lumbre» y «buen abrigo» –y más adelante «abrigada»[19] [v. 27], «aquestos barrancales» [v. 32], «abrigados» [v. 33], «fuego» [v. 40]– que apuntan a un lugar natural, similar al de otras églogas encinianas. El espacio natural es «encovado», lo que indica que están refugiados en una cueva, espacio dramático verosímil como refugio pastoril contra la tormenta, que arrecia. La mención posterior a «pastorear el ganado» [v. 44] contribuye a recrear verbalmente el espacio natural. Covarrubias define «barranco» como «quiebra de la tierra a modo de vallecillo, de una parte y de otra, que por verter ambas allí el agua está húmedo y hecho barro» [1611, s.v. «barranco»]. Precisamente, Antón reconoce que «todos estamos con llodo» [v. 47]. El parlamento señala, además, el espacio escenográfico que pudo visibilizarse en escena con el empleo de alguna escenografía que simulara ese refugio en el que los pastores pasarán la «vegilla» «a la lumbre rodeados» [vv. 3 y 36] y «al fuego carrapuchados» [v. 92].

Este «carrapuchados» [v. 92] concreta parte del atuendo de los pastores, ya que el vocablo parece derivar de «carapuça», es decir, 'caperuza' [Corominas, 2012, s.v. «capa»]. «Carrapu-

---

[19] «Abrigada» es «sitio resguardado de los vientos» [Lamano y Beneite, 2002: 179].

chados» tiene cierta semejanza con «capucha», de donde podría derivar en una malformación típicamente sayaguesa;
«capucha» es «cubierta de la cabeza más larga que ancha, la
qual remata en punta y se echa a la espalda cuando se quiere» [Covarrubias, 1611, s.v. «capucho»]. Existen numerosos
pastores con «carrapucha», o con caperuza, representados
iconográficamente en las artes plásticas. Aporto algunos
ejemplos como muestra; en las figuras 1, 2 y 3, aparecen
pastores «carrapuchados» en las escenas navideñas de la
Anunciación del Ángel, pasaje que también será teatralizado
en esta égloga enciniana, como analizaremos. Vemos, pues,
que Encina se nutre de esa tradición iconográfica.

Figura 1. *La Anunciación a los pastores*, en el *Horae ad usum Parisiensem, dites
Heures de Charles d'Angoulême*, hacia 1480-1496. Detalle [Testard y Bourdichon,
1480-1496: fol. 20v].

Figura 2. Miniatura de la *Anunciación a los pastores*, en el *Missale secundum consuetudinem almae ecclesiae Toletanae*. Detalle [Iglesia Católica, 1503-1518: 246].

Figura 3. *Anunciación a los pastores*, del *Tríptico del Nacimiento*, García del Barco [Maestro de Ávila], hacia 1467-1500, Madrid, Museo Lázaro Galdiano [Bernis Madrazo, 1979: lámina IV].

Asimismo, las figuras 4, 5 y 6 muestran tacos xilográficos que plasman a los rústicos con capucha.

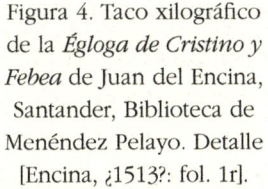

Figura 4. Taco xilográfico de la *Égloga de Cristino y Febea* de Juan del Encina, Santander, Biblioteca de Menéndez Pelayo. Detalle [Encina, ¿1513?: fol. 1r].

Figura 5. Taco xilográfico de las anónimas *Coplas de Mingo Revulgo* [s.l., s.a., fol. 19].

Figura 6. *Pareja de campesinos bailando*, detalle, Hans Sebald Beham, 1522, Ámsterdam, Rijksmuseum.

Carmen Bernis apunta que los cuatro pastores de la égloga podrían vestir un gabán rústico [1979: 18-19]. Esta prenda
es un traje holgado, con mangas y capuchón, del tipo de las
llamadas «ropas de cubrir», que era muy usada por «las gentes
humildes para protegerse de las inclemencias del tiempo»
[1979: 18-19], en este caso, de los «andiluvios grandes» [v. 67]
y del «agua y nieve / y vientos bravos, corrutos» [vv. 85-86].
José de Lamano describe «capirucho» como «especie de capilla o capucha, adosada o cosida al cuello de las capas y an-
guarinas, que sirve para cubrir y resguardar, del frío y de la
lluvia, la cabeza» [2002: 322]. La capucha es, por tanto, esencial en la representación de esta pieza.

Después del intercambio de saludos rústicos, con la fórmula tópica pastoril: «en buen hora estéis, zagales» y «en tal
vosotros vengáis» [vv. 25-26], Rodrigacho invita a los recién
llegados a acomodarse en la abrigada y les hacen espacio:

RODRIGACHO	[...] Hora sus, sus, assentar
	tras aquestos barrancales.
ANTÓN	Estamos bien abrigados.
JUAN	Dexarnos eis calecer.
RODRIGACHO	Todos podemos caber
	a la lumbre rodeados. [vv. 31-36].

El parlamento señala, a través de didascalias implícitas,
el espacio lúdico de los personajes. Imaginamos, pues, que
los cuatro rústicos se sientan alrededor de una hoguera
(que desconocemos cómo se mostraría en escena) y prote-
gidos por una abrigada (que tampoco podemos figurar
cómo se plasmaría en el espacio escenográfico, aunque
quizás unos candiles con cristales de colores pudieron lograr el efecto).

Más adelante, en el diálogo teatral, se alude a otros espacios dramáticos que forman parte del espacio aludido de la obra:

RODRIGACHO   Di tú, que vienes de villa,
                  ¿ovo gran tormenta allá?
JUAN   Dos mill vezes más que acá. [vv. 57-60].

La «villa», señalada también con ese «allá», es Salamanca (por la noticia de la muerte del cantor, vv. 95-102) y se contrapone al espacio natural representado en escena, «acá», que simbolizan las barrancas[20]. Como acabo de señalar, los deícticos acá/allá también indican el espacio lúdico. Al espacio dramático aludido, la villa, se le dedican los versos siguientes, en los que el pastor Juan relata las inundaciones y la noticia del fallecimiento del «huerte canticador» [vv. 59-103]. A través de ellos, se indica que Juan ha viajado hasta la villa para comprar en el mercado («¿para qué huste a la villa?», «por del pan, / que en la aldea no lo avía», vv. 91 y 93-94). Este mercado es parte del espacio aludido de la villa. Esa misma función también posee en la *Égloga representada en la noche postrera de Carnal* y en el *Auto del repelón*.

En este pasaje, se menciona otro espacio dramático, «la aldea» [v. 94] que, como también sucede en la enciniana *Égloga en requesta de unos amores*, forma parte del espacio aludido, ya que, aunque es el lugar rural en el que residen los pastores, estos se encuentran al aire libre, en «las barrancas», que es el espacio dramático mostrado en escena.

A continuación, se menciona a los amos de Juan pastor (y también del Juan actor) cuando los rústicos conversan sobre

---

[20] Álvarez Pellitero también señala que la villa es Salamanca [1994: 94].

el sustituto de la nueva plaza de cantor. Este hecho de la vida de Encina [Espinosa, 1921], es teatralizado en esta escena:

RODRIGACHO   El diabro te lo dará,
                que buenos amos te tienes,
                que cada que vas y vienes
                con ellos muy bien te va.
MIGUELLEJO   No están ya
                sino en la color del paño.
                Más querrán qualquier estraño
                que no a ti que sos d'allá.
RODRIGACHO   Dártelo an si son sesudos.
JUAN   Sesudos y muy devotos,
                mas hanlo de dar por botos.
RODRIGACHO   Por botos no, por agudos.
                ¡Aun los mudos
                habrarán que te lo den!
JUAN   Miafé, no lo sabes bien.
                Muchos ay de mí sañudos.
                    Los unos no sé por qué
                y los otros no sé cómo.
                Ningún percundio les tomo,
                que nunca lle lo pequé.
MIGUELLEJO   A la fe,
                unos dirán que eres lloco,
                los otros que vales poco.
JUAN   Lo que dizen bien lo sé. [vv. 105-128].

¿Quiénes serían esos «amos»? Parece que residen «allá», en la villa, por la alusión que le hacen a Juan sobre «cada que vas y vienes» de la morada de sus amos. Por otra parte, en el diálogo se alude a que Encina se ha granjeado muchas enemistades de diferentes bandos («muchos ay de mí sañudos. / Los unos no sé por qué / y los otros no sé cómo», «unos dirán que eres lloco, / los otros que vales poco»). Por tanto, no parece que el problema en concederle la plaza de cantor a Encina derivara (solo) del poco apoyo de los duques de Alba, como se ha señalado repetidamente por parte de la crítica. Todo apunta a que el descontento proviene, más bien, de un entorno eclesiástico, concretamente del cabildo catedralicio de Salamanca.

¿Conservaría Encina algún cargo en la catedral salmantina? Recordemos que ejerció de mozo y de capellán de coro por lo menos hasta 1492, pero desconocemos si continuó como capellán todos estos años hasta que solicitó la plaza de cantor en 1498 [Espinosa, 1921; Sánchez Hernández, 2023: 29-34]. Esta cuestión facilitaría que Encina supiese, casi de primera mano, del fallecimiento de Fernando de Torrijos, y la vacante de su plaza. Los hechos apuntan a que la obra fue representada ante un público que conocía de cerca el pleito. ¿Se representaría en la catedral? Si así hubiese sucedido, los miembros del cabildo allí presentes serían cómplices de lo que los pastores tratan en escena. ¿Se encontrarían entre el público esos «sesudos y devotos» que decidirán la plaza «por botos» (es decir, faltos de agudeza, de juicio)?[21].

Parece que el arcediano de Camases, don Bernardino López de Logroño, es el único respaldo con el que cuenta Encina. En el cabildo celebrado el 24 de octubre para tratar la cuestión de la plaza de cantor vacante, toma la palabra el defensor de Encina para transmitir lo siguiente:

---

[21] Aunque el doble sentido solo se puede percibir en el impreso, porque la homofonía entre voto/boto neutraliza el juego de palabras en el discurso oral.

el dho arº [D. Bernardino López de Logroño] djxo q̄ si por aventura de fuera nō se fallase pesona q̄ q̄siese venjr a tomar cargo dl dho ofiçio [de cantor] q̄ el dava su voto a juº dl ensina porq̄ creya q̄ hera pª ello pᵉsona mas sufiçient de todas q̄ntas oy Residen en la dha çibdad e q̄ si otro [sic] cosa se fisiese q̄ el lo cōtªdesja dsᵈe agora [Espinosa Maeso, 1921: 649][22].

Este «por aventura de fuera» remite a «qualquier estraño», que se señala en la égloga[23].

Después de la licencia de Encina para tratar sus asuntos personales en escena, el pastor Rodrigacho manifiesta su deseo de zanjar el tema y de entretenerse con algún pasatiempo pastoril: «si traxiste alguna fruta, / danos della, jugaremos» [vv. 135-136]. Se produce, entonces, una suerte de escena entremesil, en la que los pastores se reparten las frutas que ha traído Juan y se recrean jugando a pares y nones. Encina también recurrirá, en su *Égloga de Plácida y Vitoriano*, a una escena en la que, a modo de interludio [más evolucionada y más larga que la que analizamos aquí], los pastores Gil y Pascual juegan a los dados. Para poder iniciar el juego de la égloga navideña, Juan extrae (¿de su zurrón?, «aquí trayo», v. 138) «una gran sarta de higos / y tres brancas de castañas» [vv. 139-140]. Se produce el reparto de castañas entre los cuatro pastores que intervendrán en el juego:

---

[22] La provisión de plaza se resolverá el 19 de abril de 1499 por medio de una comisión conformada por Diego de Anaya, fray Diego de Deza y Francisco de Salamanca a finales de 1498, para estudiar el caso de provisión de la ración de cantor [Espinosa Maeso, 1921: 650].

[23] Por otra parte, la pieza señala la procedencia salmantina de Encina, pues se refiere que el pastor Juan [nuestro dramaturgo], es de la villa, de Salamanca, según se indica en el verso 112: «a ti que sos d'allá». Se trata de un dato más que apoya las hipótesis señaladas en Sánchez Hernández [2023: 25-29] acerca de la ascendencia charra del dramaturgo.

Rodrigacho	Hora cuenta, reparte, ¿cómo cabemos?
Juan	Quatro somos, no herremos: diez, veinte, treinta, quarenta.
Rodrigacho	¿Quántas sobran?
Juan	Veinte son.
Rodrigacho	Repártelas otra vez.
Juan	Cinco y cinco, que son diez, y diez para mí y Antón.
Miguellejo	Compañón, trócam'ésta qu'es podrida.
Juan	No haré, juro a mi vida, pues te cupo en tu quiñón. ¡Ora juguemos!
Antón	¡Juguemos! [vv. 149-162].

Esta escena, en la que los pastores permanecerían seguramente sentados, posee bastantes posibilidades teatrales. En
ella se explota, cómicamente, la ignorancia de los rústicos
que, como no saben contar («reparte, ¿cómo cabemos?», «quatro somos, no herremos», «¿quántas sobran?», «repártelas otra
vez»), realizan un reparto risible de los frutos secos. Asimismo, sería humorístico observar a los rústicos contar las castañas apuntándolas con el dedo («diez, veinte, treinta, qua-
renta», «cinco y cinco, que son diez, / y diez para mí y
Antón»). También posee componentes de comicidad el hecho de que Miguellejo reciba una castaña podrida y, a pesar
de su protesta, se tenga que quedar con ella.

El dinamismo y la teatralidad de la escena, con la agilidad
que aportan a los diálogos los versos partidos, continúan
con el inicio del entretenimiento al que jugarán los cuatro
pastores con las castañas. Esta es la forma con la que los

rústicos van a pasar su noche de «vegilla»[24]. Transcribo el pasaje completo, a pesar de su extensión, para poder apreciar mejor la teatralidad que encierran sus versos:

MIGUELLEJO	¿Y a qué juego, compañones?
RODRIGACHO	Juguemos pares y nones.
JUAN	¡Ahotas, que bien haremos!
ANTÓN	Comencemos.
JUAN	¿Qué les dizes?
ANTÓN	¡Juro a ños! Nones digo.
JUAN	Dacá dos.
ANTÓN	Cata que no trampillemos.
RODRIGACHO	¿Qué les dizes, Migallejo?
MIGUELLEJO	Pares les digo.
RODRIGACHO	Perdiste.
JUAN	¡Diabros! ¿Y doyte yo el triste? ¿Ya pones el sobrecejo?
RODRIGACHO	Quando viejo muy ruin gesto as de tener. ¡Por tres castañas perder reniegas de sant Conejo!
MIGUELLEJO	¿Qué les dizes, Rodrigacho?
RODRIGACHO	Asmo que dígoles pares.
MIGUELLEJO	Al diabro tales jugares.
RODRIGACHO	Hora ganete buen cacho, don muchacho. Poquito sabes de juegos, no te aprovechan reniegos. ¡Cata, yo soy hombre macho!

---

[24] María Vázquez Melio [2014: 205-208] enumera los juegos típicamente pastoriles [bien mencionados, bien escenificados] con los que se entretienen los rústicos en las obras teatrales de Juan del Encina y de Lucas Fernández.

JUAN   ¡Nunca acabaremos hoy!
                Devemos juego mudar. [vv. 162-186].

Para el desarrollo del pasatiempo, las castañas (y los higos) deberían tener presencia escénica, formando parte del atrezo de la escena. El juego de pares y nones lo inician Antón y Miguellejo, mientras sus dos compañeros, Juan y Rodrigacho, actúan de observadores y se burlan de Miguellejo, a causa de su enfado desproporcionado por perder tres castañas. Parece que el pastor se recupera de su «sobrecejo» y apuesta con Rodrigacho, que también le vence, por su reacción verbal [«al diabro tales jugares»] y la mofa del ganador («hora ganete buen cacho, / don muchacho. / Poquito sabes de juegos, / no te aprovechan reniegos», «¡Cata, yo soy hombre macho!»). Como el juego se interrumpe constantemente, Juan, que aún no ha tenido su turno, propone dar por concluido el juego y comenzar otro que provoque menos pausas:

RODRIGACHO   ¿Y a qué podemos jugar?
ANTÓN   Miafé, a bivo te lo doy.
MIGUELLEJO   Yo no soy
                en jugar juego tan ruin,
                mas juguemos al trentín,
                que muy desdichado estoy. [vv. 187-192].

Antón propone el juego del «bivo te lo doy» que, según señala Alberto del Río [Encina, 2001: 98 y 324-325; Encina, 2023: 98 y 384-385], es un entretenimiento cortesano. ¿Sería esta una alusión al tipo de auditorio palaciego que contempla la representación? Por esa misma razón, y con pretensiones cómicas, Rodrigacho lo rechaza inmediatamente —«yo no soy / en jugar juego tan ruin»–, y propone que «juguemos al trentín», es decir, al «trintín», un juego de naipes [Encina, 2023: 98 y 384-385]. Aunque desconocemos en qué consistía el juego, podemos aventurar que sería uno típicamente pastoril, en contraposición con el palaciego «bivo te lo doy». Sea como fuere, no posee gran trascendencia teatral, pues parece que el juego no se llega a desarrollar. La escena es, así, interrumpida por la llegada de El Ángel que, siendo fiel a las fuentes bíblicas, expone la Anunciación de Jesucristo[25]. Con su introducción en escena, se inicia la segunda parte de la égloga, de contenido sacro, que durará hasta el final.

La aparición del personaje bíblico se recoge en la rúbrica inicial a través de la expresión «*un ÁNGEL aparesce*» [p. 91]. Esta es distinta a la fórmula tópica con la que se remarca la presencia de personajes en escena («se introduze», «entró»), por lo que podría apuntar a una apariencia, un empleo de tramoya que haga «aparecer» al ser celestial de repente, como veremos más adelante. En la *Representación a la muy bendita Passión* se indica que va «introduzido un Ángel que vino a contemplar en el monumento» [p. 23], y en la *Representación a la Santíssima Resurrección* «vino un ángel a ellos» [p. 35]. Asimismo, este mecanismo de apariencia pudo ser similar a los empleados quizá en el *Auto de la Pasión* de Lucas Fernández [Sánchez Hernández, 2019a: 349 y 352]. No obstante, esta interpretación sobre el modo de entrada de los personajes a escena son simples hipótesis.

La aparición de El Ángel es novedosa con respecto a la *Égloga representada en la mesma noche de la Natividad*, ya que en esta solo era aludida y su presencia no se plasma en

---

[25] Álvarez Pellitero [1994: 94] y Maurizi [2012: 249-251] han señalado la similitud del parlamento de El Ángel con el de las fuentes bíblicas.

el texto, salvo por referencias indirectas («de un ángel lo su-
pimos/ [...] /que a los ángeles oímos / la grolla del celis
Deo. / Sonavan con gran dulçor / unos sones agudillos / de
muy huertes caramillos», vv. 76-84). En esta égloga, El Ángel
aparece como *dramatis persona* en el argumento de la pieza
y presenta una evolución con respecto a su primera égloga
navideña. En esta, realiza una breve entrada en la que, a
modo de apariencia, anuncia la Buena Nueva con mayor
detenimiento:

> Pastores, no ayáis temor,
> que os anuncio gran plazer.
> Sabed que quiso nascer
> esta noche el Salvador
> redemptor
> en la cibdad de David.
> Todos, todos le servid,
> qu'es Cristo, nuestro Señor.
>   E doyos esta señal
> en que le conosceréis:
> un niño embuelto hallaréis
> pobremente so un portal.
> Y aun es tal
> qu'en un pesebre está puesto
> y conosceréis en esto
> aquel gran Rey celestial. [vv. 193-208].

Se trata de un parlamento amplio, aunque más breve que
el del Ángel de la *Representación a la muy bendita Passión*.
La caracterización física de este personaje celestial, por otra
parte, sería similar a la señalada para El Ángel de las dos
piezas pasionales, es decir, aparecería vestido con túnica
blanca y alas. En el Corpus Christi salmantino de 1500, se

documentan alas para los personajes angelicales de las fiestas: «dio e pagó de adobar ciertas alas de ángeles para el Corpus Christe, medio real» [Framiñán de Miguel, 2015: 287].

Parece que su entrada se ha producido de improviso («Pastores, no ayáis temor»), posiblemente mediante un descorrimiento de cortina, puesto que el rústico Juan reconoce después que ha sentido gran miedo por el susto ante tal inesperada aparición: «de atordido / no pude perentenderlo» [vv. 221-222]. Además, la escena del susto es la que canta el villancico de Encina «Dime, zagal, ¿qué has avido?» [Encina, 1996: 733-734], analizado en Sánchez Hernández [2023: 101 y 109].

Encina ha convertido en personaje teatral a este ser angelical que frecuenta iconográficamente las artes plásticas sobre la Anunciación a los pastores. La representación plástica de la escena del sobresalto a los pastores también es abundante en las bellas artes, como podemos apreciar en las figuras 7 a 14. Destacan, sobre todo, las figuras 9 y 10 por la reacción de uno de los pastores, que le lanza una higa al Ángel. Su comportamiento es similar a la rusticidad que han mostrado los pastores teatrales de Encina en esta égloga navideña. El resto de los pastores plasmados en las imágenes muestran gestos de miedo, deslumbramiento y algunos se cubren la cabeza atemorizados. Los rústicos encinianos mostrarían una reacción similar a las reproducidas en estas obras artísticas.

Figura 7. *Adoración de los pastores*, detalle, Hugo Van der Goes, 1478, Florencia, Galería Uffizi.

Figura 8. *El Nacimiento*, detalle, retablo de la catedral de Viseu, Francisco Henriques Grão Vasco, 1501-1506, Viseu, Museo Nacional Grâo Vasco.

Figura 9. *Nacimiento de Jesús*. Detalle, Palacio de La Granja de San Ildefonso, Segovia. Hacia 1498 [Herrero Carretero, 2004: 34-35 y 87].

Figura 10. Anunciación a los pastores, *Horae ad usum Parisiensem*, 1401-1500, Biblioteca Nacional de Francia [*Horae*, 1401-1500: 80r].

Figura 11. *Anunciación a los pastores*, principios del siglo XVI, Catedral de Burgo de Osma, Soria [Martín González y Virgili Blanquet, 1991, n.º 106].

Figura 12. *La Anunciación a los pastores, Misal,* Maestro de las Iniciales de Bruselas, detalle, entre 1389-1404, Bolonia. California, Museo J. Paul Getty [fol. 13v].

Figura 13. *La Navidad*, detalle, Simon Bening, hacia 1525-1530, California, Museo J. Paul Getty.

Figura 14. *Tríptico Portinari*, detalle, Hugo de Van der Goes, 1478, Galería Uffizi [Gibelli, 1964, láminas X-XI].

Su presencia estaría acompañada de música, como aquellas melodías a las que aludían los pastores de la segunda égloga navideña («sonavan con gran dulçor / unos sones agudillos / de muy huertes caramillos», vv. 82-84). Si la *Égloga de las grandes lluvias* se representó ante un público con presencia estudiantil, se podría apuntar a la existencia de una tradición en la que los universitarios intervenían en las fiestas solemnes mediante el canto [García Fraile, 1999]; si fue en contexto nobiliario, podemos remitir a lo analizado de las églogas navideñas representadas en el palacio ducal [Sánchez Hernández, 2023: 88-115]; finalmente, si el ambiente fue eclesiástico, podemos poner la obra en relación con el contexto musical de Encina en la catedral de Salamanca [2023: 29-33].

Cuando el Ángel desaparece de la escena–seguramente mediante el mismo procedimiento con el que ha aparecido en ella–, y después de que los pastores se hayan recobrado del susto («no ayáis temor», «atordido») se inician los preparativos de los rústicos para viajar a Belén y adorar al Niño [vv. 209-256]. El texto señala el espacio lúdico a través de los verbos de movimiento: «vamos hasta Belén» [v. 210], «vamos toste priado» [v. 214] y «aballemos toste a verlo» [v. 223] e indica un movimiento desde el espacio dramático figurado por las barrancas, hasta el espacio dramático aludido, «Belén» [v. 210], «la cibdad de David» [v. 198].

Los pastores, fieles al relato bíblico, desean llevarle regalos al Recién Nacido. Lo propone primero Miguellejo y después se suman el resto de sus compañeros:

MIGUELLEJO   Yo leche le endonaré,
soncas, de mi cabra mocha.
Haréle una miga cocha

con que le empapiçaré.
Llevarl'é
de camino quando vaya
una barreña de haya,
la que dilunes llabré.

JUAN   Yo le daré un cachorrito
de los que parió mi perra,
xetas y turmas de tierra.

ANTÓN   Yo le llevaré un cabrito.

JUAN   Yo un quesito.

RODRIGACHO   Yo natas y mantequillas.

MIGUELLEJO   Yo tres o quatro morcillas.

ANTÓN   Y yo, miafé, un xerguerito.

JUAN   Yo le diré mill cantares
con la churumbella nuevos.

RODRIGACHO   Yo le daré muchos huevos.

MIGUELLEJO   Y yo, de las mis cuchares,
dos, tres pares.

JUAN   ¡Gasajémonos con él!

RODRIGACHO   Darl'é yo manteca y miel
para untar los paladares. [vv. 225-248].

El listado inicial de presentes para el Niño se convierte en una divertida enumeración que recuerda a la que Mingo realiza en la *Égloga en requesta de unos amores* con el fin de mostrar todo lo que puede donar a Pascuala en señal de su amor y que destaca por su rusticidad. Aquí parece que los pastores compiten por llevar las mejores ofrendas, que consisten, sobre todo, en alimentos pastoriles («leche», «miga cocha», «xetas y turmas de tierra», «un cabrito», «un quesito», «natas y mantequillas», «tres o quatro morcillas», «manteca y miel» y «muchos huevos») e instrumentos de cocina rústicos («barreña de haya» y «de las mis cuchares, / dos, tres pares»), pero también hay animales de compañía («un cachorrito» y «un xerguerito»). No es necesario que sus regalos tengan presencia escénica para conseguir una escena cómica; su mera alusión funciona perfectamente como atrezo verbal.

Esta relación de regalos significa una novedad con respecto a la *Égloga representada en la mesma noche de Navidad*, pues en esta los pastores (quizás por ser también evangelistas) no mencionan las ofrendas para el Recién Nacido, sino que solo aluden a que en Belén «vamos a tomar barveza» [v. 169], es decir, un guiso con cordero (que podría ser solo interpretado alegóricamente para designar a Cristo).

En la *Égloga de las grandes lluvias*, tras la acostumbrada rúbrica *«Fin»* [vv. 247/248], se señala que la pieza va a concluir. Tres breves intervenciones de Juan, Miguellejo y Rodrigacho anuncian la partida de los pastores hacia Belén con abundantes regalos:

JUAN	¡Ora no nos detengamos!
	Cada qual si le pruguiere,
	lleve lo más que pudiere
	porque mejor le sirvamos.
MIGUELLEJO	¡Vamos, vamos,
	antes, antes que más llueva!
RODRIGACHO	¡Preguntemos bien la nueva
	porque lo cierto sepamos! [vv. 249-256].

El texto teatral finaliza con estos últimos versos. La ausencia de cierre musicado es otro cambio con respecto a la segunda égloga navideña, algo que ya pusieron de manifiesto Ana María Rambaldo [Encina, 1983: 99] y María Framiñán de Miguel [2012-2013: 46-47]. Ello puede deberse a cuestiones extra-teatrales, como la disposición del texto sobre los folios

cancioneriles, pues el último verso de cada pieza coincide
con la línea final del folio de la segunda columna, es decir,
su ausencia de música pudo deberse a la mano del impresor,
que ajusta el texto al espacio disponible, evitando emplear
un folio más y, por ello, un pliego extra [Framiñán de Miguel,
2012-2013: 48].

La omisión de una pieza musical como cierre también
sucedía en la primera égloga navideña, de contenido profano. Sin embargo, el hecho de que el texto teatral no recoja
un villancico no significa que no fuera interpretado durante
la representación, pues el contexto litúrgico y celebrativo
invita a un cierre musical. Precisamente, al final de la pieza
Juan indica que «le diré mill cantares / con la churumbella
nuevos» [vv. 241-242]. El verso «¡Gasajémonos con él!» también podría apuntar un cierre musical que, además, recuerda
a ese «Gran gasajo siento yo» del villancico navideño de la
égloga segunda.

Ana María Rambaldo [Encina, 1983: 99] propone que quizás la obra cantada fuera el villancico «Anda acá pastor», inserto en la sección de «villancicos pastoriles» del *Cancionero*
enciniano de 1496 [Encina, 1989: fol. XCVIv]. La investigadora se basa en las «muchas coincidencias en los dones que los
pastores llevan al Niño», a pesar de que los nombres de los
pastores del villancico y de la égloga no concuerden [Encina,
1983: 99]. Ciertamente, existen abundantes similitudes que se
apreciarán mejor al examinar el villancico al completo:

   –Anda acá, pastor,
   a ver al Redentor.
   –Anda acá, Minguillo,
   dexa tu ganado,
   toma el caramillo,

çurrón y cayado,
vamos sin temor
a ver al Redentor.
–No nos aballemos
sin llevar presente;
mas ¿qué llevaremos?
Dilo tú, Lloriente,
¿qué será mejor
para el Redentor?
–Yo quiero llevarle
leche y mantequillas,
y, para empañarle
algunas mantillas,
por ir con amor
a ver al Redentor.
–Con aquel cabrito
de la cabra mocha,
darl'é algún quesito
y una miga cocha,
que terná sabor,
sabor al Redentor.
–No piense que vamos
su Madre graciosa
sin que le ofreçamos
más alguna cosa,
qu'es de gran valor,
madre del Redentor.
          Fin
–En cantares nuevos
gozen sus orejas,
miel y muchos huevos
para hazer torrejas.
Aunque sin dolor,
parió al Redentor [Encina, 1996: 734-735].

El contenido de este villancico y el de la égloga navideña son bastante semejantes; de hecho, la composición musical parece poner en melodía la acción teatral protagonizada por los cuatro pastores de la obra.

Como sucedía en la segunda égloga navideña, el público conoce, a través del diálogo (y del villancico propuesto), la intención de los pastores de ir a adorar al Niño. Ahora bien, la pieza teatral concluye sin indicar si los pastores llegan a adorar a Cristo o no, pero, por las características de la pieza, y su contexto de representación, lo más lógico es pensar que se produjese una Adoración ante alguna imagen de bulto presente en el recinto sagrado, en forma de retablo. Se trataría de una Adoración muda del pesebre, similar a la del *Auto dos reis magos*, de Gil Vicente, y a la que posiblemente sucedió en la capilla ducal en 1492 [Sánchez Hernández, 2019b: 350].

Tras analizar la *Égloga trobada por Juan del Enzina, representada la noche de Navidad* se han podido extraer las huellas de algunos elementos teatrales que quizá intervinieron en la escenificación de esta pieza. La obra posee posibilidades teatrales que pueden ser reconstruidas a través del propio texto teatral conservado en el *Cancionero* salmantino de 1507.

A pesar de tratarse de un tema ya teatralizado por Juan del Encina en la *Égloga representada en la noche de la Natividad de Nuestro Salvador* y en la *representada en la mesma noche de Navidad*, escenificadas en la capilla ducal de Alba de Tormes ante sus señores en 1492, el tratamiento dramatúrgico del santo sacro difiere en la *Égloga de las grandes lluvias*. Aparecen ciertamente elementos nuevos: la inclusión del Ángel como personaje teatral, un mayor contenido profano, un avance en el posible uso de escenografía y un menor alarde de conocimiento de las fuentes bíblicas.

La fijación impresa del texto teatral destinado a la representación origina la pérdida de la plasmación explícita de recursos teatrales empleados en la escenificación de la égloga. Así, las circunstancias de su representación no son tan clarificadoras, pues no se menciona explícitamente a los destinatarios de la pieza ni el espacio teatral empleado para su escenificación. La ausencia de un modelo de impresión que recogiera las peculiaridades del hecho teatral y las necesidades editoriales concretas contribuyen a esa pérdida explícita de teatralidad cuya huella queda impresa, de manera implícita, en el texto teatral.

1.2. La *Representación por Juan del Enzina ante el muy esclarescido y muy illustre príncipe don Juan*

El *Cancionero de todas las obras de Juan del enzina con otras cosas nuevamente añadidas*, impreso por Hans Gysser, se cierra con la *Representación por Juan del Enzina ante el muy esclarescido y muy illustre príncipe don Juan*, denominada por la crítica moderna como *Representación sobre el poder del Amor* o como *Triunfo de Amor*, provocando este último título confusiones con su obra lírica homónima. Como sucedía con la *Égloga de las grandes lluvias*, transcurren varios años entre la posible escenificación de la *Representación* y su publicación.

Además de su plasmación impresa en la edición cancioneril (aparece en las ediciones de 1507, 1509 y 1516), la obra se difundió también a través de pliegos sueltos[26]. Su éxito

---

[26] Las sueltas de la pieza han sido estudiadas por Salvá [1872: 433], Norton y Wilson [1969: 13-30], Rodríguez Moñino [1970: 61; 1977: 63-64], Norton [1976:

editorial se debe a la temática del amor cortés que se teatraliza en la obra y, sobre todo, al desafortunado desenlace del
príncipe don Juan ante el que se representó por primera vez
la pieza, como reza la rúbrica inicial: «*Representación por
Juan del Enzina ante el muy esclarescido y muy illustre príncipe don Juan, nuestro soberano señor*» [p. 101].

De la pieza se realizaron, al menos, cuatro tiradas independientes, todas ellas sin datos de impresión, pero que la
crítica ha fechado como posteriores a la primera edición de
la pieza, recogida en el *Cancionero* de 1507. La suelta más
antigua, fechada entre 1510 y 1516 en Sevilla e impresa quizás por Jacobo Cromberger, forma parte de un volumen mis-
celáneo y fue adquirida por la Biblioteca del Cigarral del
Carmen de Toledo [Askins y Infantes, 2014: 62][27]. De otra tirada distinta a la anterior se conserva una suelta que se considera como publicada en Toledo, por Juan de Villaquirán,
entre 1513 y 1519 [Norton, 1978: 406][28]. Otro pliego suelto,
conservado en la Biblioteca Nacional de París, pudo salir de
la imprenta de Fadrique de Basilea, en Burgos, hacia 1515-
1519 [Norton, 1978: 110] o, según Mercedes Fernández Valladares, pudo imprimirse por Alonso de Melgar hacia las mis-

---

13-14; 1978: 406], Miguel Ángel Pérez Priego [Encina, 1991: 28-31 y 62-67; 1992:
345-349; 1997], Miguel García-Bermejo Giner [1996a: 57-58 y 82], Humberto
López Morales [2000: 121], Alberto del Río [Encina, 2001: LXXVI y ss.], Mercedes
Fernández Valladares [2005: 501-502], María Jesús Framiñán de Miguel [2012-
2013], Laura Puerto Moro [2012: 294-295] y Askins y Infantes [2014: 62].

[27] La suelta ha sido analizada por Pérez Priego [1999: 62-77] y por María Jesús
Framiñán de Miguel [2012-2013: 50]. Ya la incluía Rodríguez Moñino en su dic-
cionario bibliográfico [1977: 63-64], aparece indexada en la base de datos *Iberian
Books* [Wilkinson, 2010-2018] y ha sido reproducida en facsímil [Encina, 1999].

[28] En otro trabajo suyo anterior, Norton la fechaba entre 1513 y 1520 [Norton,
1976: 13-14]. La entrada bibliográfica de la suelta es recogida por *PhiloBiblon*
[Faulhaber, 1997-2019] y en USTC [Pettegree, 2019]. La suelta ha sido publicada
en facsímil por la Biblioteca Pública de Oporto [Encina, 1976: 125-132].

mas fechas [2005: 501-502][29]. Finalmente, se conoce una última suelta conservada en la Biblioteca Nacional de Madrid, publicada hacia 1525 [Salvá, 1872: 433]. El pliego también se ha situado en Burgos en casa de Alonso de Melgar [Fernández Valladares, 2005: 579; Askins y Infantes, 2014: 62][30].

El texto de estas cuatro sueltas de la *Representación*, como ya estudiaron Miguel Ángel Pérez Priego [1991], María Jesús Framiñán [2012-2013: 52-60] y Françoise Maurizi [2014], presenta modificaciones importantes con respecto al publicado en el cancionero. El trabajo de Maurizi [2014] permite ver a dos columnas las variantes cancioneriles y de pliegos, lo que le facilita analizar las dos versiones textuales y apreciar las implicaciones al detalle. Estas variantes, sin embargo, no fueron necesariamente insertadas por Encina [Pérez Priego, 1992: 347-348]. Remitiré a algunas variantes a continuación, pero otras las examinaré más adelante.

En primer lugar, una de las variantes de la suelta con respecto a los cancioneros aparece en las rúbricas iniciales. En la edición cancioneril, la rúbrica rezaba lo siguiente:

Representación por Juan del Enzina ante el muy esclarescido y muy illustre príncipe don Juan, nuestro soberano señor. Introdúzense dos pastores, Bras y Juanillo, y con ellos un Escudero que a las bozes de otro pastor, Pelayo llamado, sobrevinieron; el qual, de las doradas frechas del amor mal herido se quexava, al

---

[29] En otro trabajo, la estudiosa señala a Burgos como foco difusor del teatro popular impreso en el siglo XVI [Fernández Valladares, 2003]. Los últimos estudios ajustan las fechas a cada impresor, sin decantarse por uno u otro. Así, mientras que Alonso de Melgar pudo imprimirla hacia 1518-1519 [Puerto Moro, 2012: 294-295], Fadrique de Basilea pudo hacerlo entre 1515 y 1517. La suelta ha sido digitaliza por la BNF y se encuentra alojada en su catálogo web para su consulta y descarga.
[30] La suelta ha sido reproducida en facsímil, si bien se advierte que la publicación plasma una portada muy reducida [Encina, 1964: 1-8; Askins y Infantes, 2014: 62].

qual andando por dehesa vedada con sus frechas e arco, de su gran poder ufanándose, el sobredicho pastor avía querido prendar [Framiñán de Miguel, 2012-2013: 47].

Como señala María Jesús Framiñán, la rúbrica contiene una «formulación retórica, construida sobre un marcado hipérbaton, acorde con el registro culto del auditorio a quien iba destinada inicialmente la representación en el *Cancionero*» [2012-2013: 56]. Por su parte, la rúbrica de las sueltas contiene un estilo menos artificioso, una prosa más sencilla y una redacción más directa de la acción teatral:

> *Égloga trobada por Juan dl enzina. En la qual representa el Amor de cómo andava a tirar en una selva. E de cómo salió un pastor llamado Pelayo a dezille que por qué andava a tirar en lugar devedado. E después cómo lo firió el amor. E cómo vino otro pastor llamado Bras a consolallo y otro pastor llamado Juanillo y un Escudero que llegó a ellos* [Encina, 1999][31].

Además del estilo y la sintaxis más sencilla, destaca la omisión del destinatario al que iba dirigida y ante quien se escenificó por primera vez la *Representación*, el príncipe don Juan. Ello «amplía sus posibilidades de difusión hacia un público más heterogéneo y a nuevas circunstancias» [Framiñán, 2012-2013: 57], aspecto que ya había señalado Miguel Ángel Pérez Priego [Encina, 1991: 28] y en lo que insistirá después Maurizi [2014: 65].

Por otro lado, la rúbrica de las sueltas omite las circunstancias concretas de la representación realizada en 1497; ello lleva a concluir que las versiones textuales que recogen ahora las sueltas están destinadas seguramente a un público menos específico [pues la versión impresa en el cancionero re-

---

[31] La rúbrica se repite, con mínimas modificaciones de las partículas conectivas y sin repercusión teatral, en las otras tres sueltas [Encina, ¿1515-1519?, 1964 y 1976].

flejaba un texto muy marcado por las circunstancias de su representación ante un auditorio cortesano y ante el propio príncipe], y a una escenificación que no fuera destinada a una motivación tan concreta de celebración.

Asimismo, hay que destacar que, además de la formulación, existe un cambio de título en la obra. Si el texto de las ediciones cancioneriles se denomina *Representación por Juan del Enzina*, en el de los pliegos se sustituye por *Égloga trobada por Juan dl enzina*; se aprecia, así, una modificación en la designación del género teatral. En este sentido, conviene recordar lo señalado por José María Díez Borque [1989] acerca de la complejidad de géneros, pues nuestro dramaturgo nombra «églogas» a la mayor parte de sus piezas teatrales y, como señala el citado investigador, el género de la égloga presenta una confluencia de lírica y teatro, incluso en las formas que avanzan hacia la comedia, como es el caso de *Plácida y Vitoriano* (mientras que en otras ocasiones etiqueta como «representación» o «auto» a sus piezas, géneros específicamente teatrales). Así, pues, esta complejidad genérica representa una «teatralidad difusa» que no conviene olvidar.

Por otra parte, el texto de las cuatro sueltas conservadas presenta dos didascalias explícitas que no aparecen en ninguna de las ediciones cancioneriles: «*Dize el amor*», tras la rúbrica inicial (figura 15), y «*Pelayo*» (figura 16), cuando ambos personajes pronuncian sus respectivos parlamentos por primera vez. Ambas aparecen centradas, una en el medio del folio y, la otra, en medio de la columna[32]. Esto no sucede, en cambio, con la entrada de los otros tres personajes restantes,

---

[32] Ambas didascalias aparecen también en las otras tres sueltas: la fechada hacia 1510-1516 e impresa en Sevilla por Jacobo Cromberger [Encina, 1999], la datada hacia 1525 en Burgos por Alonso de Melgar [Encina, 1964: 1-8] y la fechada entre 1513 y 1520 [Encina, 1976].

los dos pastores y el Escudero. Esta variante no ha sido señalada por ningún estudioso de las sueltas ni por los editores modernos de la pieza de Encina[33].

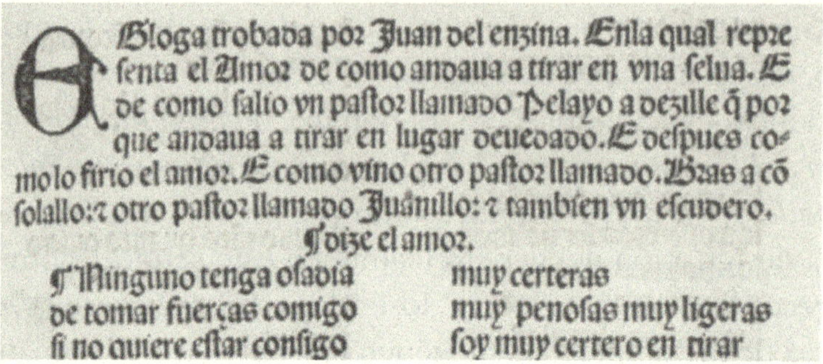

Egloga trobada por Juan del enzina. Enla qual representa el Amor de como andaua a tirar en vna ſelua. E de como ſalio vn paſtor llamado Pelayo a dezille q̄ por que andaua a tirar en lugar deuedado. E deſpues como lo firio el amor. E como vino otro paſtor llamado. Bras a cō ſolallo: ⁊ otro paſtor llamado Juānillo: ⁊ tambien vn eſcudero.

¶ dize el amor.

¶ Ninguno tenga oſadia
de tomar fuerças comigo
ſi no quiere eſtar conſigo

muy certeras
muy penoſas muy ligeras
ſoy muy certero en tirar

Figura 15. Primera plana de la *Égloga trobada*, Juan del Encina, S.l., s.n., s.a., Biblioteca Nacional de Francia [Encina, ¿1515-1519?, fol. 1r].

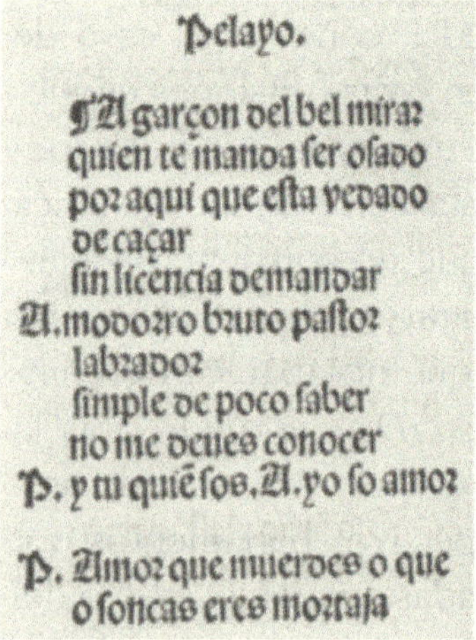

Pelayo.

¶ A garçon del bel mirar
quien te manda ſer oſado
por aqui que eſta vedado
de caçar
ſin licencia demandar
A. modorro bruto paſtor
labrador
ſimple de poco ſaber
no me deues conocer
P. y tu quiē ſos. A. yo ſo amor

P. Amor que muerdes o que
o ſoncas eres mortaja

Figura 16. *Égloga trobada*, Juan del Encina, S.l., s.n., s.a., Biblioteca Nacional de Francia [Encina, ¿1515-1519?, fol. 1v].

[33] Existe también la omisión, en todas las sueltas, pero sin implicaciones teatrales, de la penúltima estrofa del introito de Amor, que contiene los versos 81-90. Esta elisión ha sido señalada por los editores modernos. No parece poder achacarse a un cambio de motivos o de circunstancias de representaciones posteriores a la primera realizada ante el heredero castellano, pero es interesante que esté ausente en el texto de todas las sueltas.

Si en el caso de la *Égloga de las grandes lluvias,* no estaba tan claro a quién iba destinada la pieza y ante quién fue escenificada, la rúbrica de la *Representación* nos informa del destinatario principal de la escenificación: el príncipe don Juan[34]. Conocemos que, a finales de septiembre de 1497, el heredero de Castilla viaja a Salamanca con Margarita de Austria, con la que ha contraído matrimonio en marzo anterior. Con motivo de la visita real, la ciudad prepara la recepción con todos festejos urbanos relacionados con las recepciones de nobles a las que nos referiremos a continuación. La escenificación de la *Representación* formaría parte de los festejos organizados para agasajar a la pareja regia.

El príncipe fue nombrado señor de Salamanca en 1496 y en febrero del año siguiente «mandó empedrar sus calles» [Villar y Macías, 1887: 38]. Ello se debería, tal vez, a la necesidad de acondicionar la ciudad para su eminente llegada. Y, quizás, por esa misma razón Encina toma residencia en Salamanca en marzo de 1497, según se desprende de un documento del cabildo catedralicio en el que se hace constar que su hermano Miguel de Fermoselle le traspasa a Encina unas casas del cabildo que él poseía en la calle de Santo Tomás [Espinosa Maeso, 1921: 645-646; Sánchez Hernández, 2023: 54]. Este aspecto quizás señale que Encina, concluida su etapa como residente en el palacio ducal de Alba de Tormes, pretende formar parte de la casa del príncipe don Juan de Aragón.

---

[34] Ángel Alcalá realiza un acercamiento a la figura del príncipe don Juan a través de fuentes documentales de variada tipología [1999: 9-217]. Más recientemente, José Damián González Arce [2016] ha analizado la corte del príncipe don Juan centrándose en la economía y etiqueta de su casa.

En la *Tragedia trobada*, compuesta por Encina, se da cuenta precisamente de cómo la ciudad honra la visita de los príncipes herederos de la corona castellana:

¿Quién dirá el gozo que España mostró,
sintiendo gran gloria destos casamientos,
las fiestas, los trajes, los recebimientos,
después que en España la Princesa entró?
De Burgos la noble, después que casó,
a Salamanca en fin se vinieron;
contar de las fiestas que allí les hizieron
no fue sino sueño que en sueño passó.
Mostró Salamanca tal gozo en llegando
los Príncipes ambos tan bien recebidos,
que todos andavan en gozo encendidos,
los unos corriendo, los otros saltando,
saltando, bailando, bailando, dançando,
toros y cañas, cien mil invenciones,
bordados y letras, romances, canciones,
los unos tañendo, los otros cantando.
[Encina, 1996: 375, vv. 65-80].

La composición es una buena muestra de las manifestaciones parateatrales que se llevaron a cabo en la ciudad de Salamanca y que se conectan con aquellas celebradas en la corte de los duques de Alba y a los festejos nobiliarios de diversa índole que se desarrollan con motivo de distintos acontecimientos[35].

---

[35] José Damián González Arce relata las cazas y monterías, las fiestas bélicas [justas, el juego de la sortija, momos, juegos de cañas, entradas reales y torneos] y los banquetes en los que participó el príncipe don Juan, así como las fiestas nupciales del heredero al trono con Margarita de Austria [González Arce, 2016: 459-538]. Pérez Priego [1992] y Jacobo Sanz [1995] han estudiado la trayectoria del

También Pedro Mártir de Anglería narra la llegada de los príncipes recién casados a Salamanca en una carta a su señor, el conde de Tendilla, que transcribimos a continuación:

> el día 28 de septiembre entró el Príncipe en Salamanca; y fue tanto el aplauso de trompetas y atabales con que sus vecinos le recibieron, que parecía rasgarse el aire de júbilo. ¡Oh, qué melodías de citaras, qué diversidad de cantos, qué himnos nupciales preparó el clero! [...] Los coros de niños y niñas, desde los tablados construidos en las plazas y desde las ventanas de las casas, imitando celestes armonías, recreaban en extremo los ánimos de los transeúntes. Con juncias, perfumados tomillos y demás hierbas olorosas estaban alfombradas las calles por donde había de pasar la comitiva. Todas las portadas estaban adornadas de ramas verdes y las paredes de las casas cubiertas de artísticos tapices admirablemente fabricados por artesanos flamencos. ¿Qué más? El cielo se abría a las voces de los cantores [Fitz-James Stuart y Falcó, 1953: 344-346].

¿Por qué, entonces, algunos críticos defienden que la *Representación sobre el poder del Amor* fue realizada en el palacio de los duques en Alba de Tormes? [Pérez Priego 1992: 347; Castro Santamaría, 1994: 199][36]. No existe ninguna prueba documental al respecto, por lo que parece, más bien, que Encina la representa en Salamanca. Como señala Javier San José, «ninguno de los cronistas que recogen noticias de ese viaje, numerosos por los infaustos finales que tuvo, refieren una parada [o mejor, un desvío] en el desplazamiento de Medina, donde estaban, a Alba de Tormes» [San José Lera,

---

príncipe desde que nació [su educación, matrimonio, etc.] hasta que falleció en Salamanca.

[36] Pérez Priego, sin embargo, apunta al palacio del obispo Diego de Deza como espacio escénico de la *Representación* [1997: 22-23].

2024][37]. Que la villa ducal fuera el espacio teatral no resulta muy probable, pues los festejos para celebrar el enlace entre don Juan y doña Margarita se desarrollaron en la capital salmantina, como se recoge en los testimonios citados de Pedro Mártir de Anglería y del propio Encina.

Parece que los príncipes herederos de la corona castellana se alojan en casa del capellán Diego de Deza, que había sido tutor y profesor de don Juan desde su infancia hasta su mayoría de edad, y que por esa época era catedrático en el Estudio Salmantino [Alcalá, 1999: 179; González Arce, 2016: 515]. Él mismo formará parte de la comisión de provisión de la plaza de cantor a la que se presentará Encina un año después, como indicamos cuando tratamos de la *Égloga de las grandes lluvias*. ¿Podría ser, entonces, el palacio de Deza el espacio destinado para la escenificación de la *Representación*? A ello también apunta Javier San José, quien señala que

no tenemos noticias de su traza antigua, aunque sí algún indicio de su esplendor y que le hace, al menos, digna estancia para el príncipe heredero [...]. El palacio debió acondicionarse unos años antes, tal y como deducimos del apunte que se lee en las actas capitulares del Cabildo ordinario, a 22 octubre de 1487 que refiere «los reparos que se ejecutaron en los palacios obispales con ocasión de la visita de los Reyes Católicos» [San José, 2020].

Que Encina compusiera y representara una pieza teatral ex profeso para la ocasión parece apuntar a que el dramaturgo hubiera conseguido formar parte de la corte del príncipe

---

[37] Agradezco al profesor San José Lera que me haya facilitado el acceso a su manuscrito, del que extraigo la cita.

don Juan. Así lo parece indicar también su *Tragedia trobada* [Encina, 1996: 396-397, vv. 777-784]. Sin embargo, como apunta la citada obra, parece que el último logro de nuestro autor no se prolongó por mucho tiempo, pues el 4 de octubre fallecía el príncipe don Juan en Salamanca, frustrando todas sus expectativas de ser parte del séquito del futuro rey de España[38]. Este fue el motivo por el que Encina compuso su citada *Tragedia* [Encina, 1996: 378: 153-174] que, junto a una gran cantidad de literatura fúnebre generada por la muerte del joven heredero a la corona de Castilla, lamenta el infausto suceso[39].

Antes he aludido a que los cambios en la rúbrica de las sueltas, en las que se omite el receptor original de la *Representación*, permite suponer otras escenificaciones de la pieza vinculadas a nuevas circunstancias celebrativas. Entre ellas, destacan la escenificación en el Corpus de 1505 de un *Auto del dios de Amor*, anónimo, que se ha identificado con la *Representación sobre el poder del Amor* de Juan del Encina[40]. La pieza se representaría, en esta ocasión, en las calles salmantinas y sería «una reelaboración del texto más adaptada a una circunstancia festiva, religiosa, desde luego, pero

---

[38] José Damián González [2016: 510 y 514-538] trata las circunstancias del fallecimiento y las exequias y pompas fúnebres en Salamanca y en todo el territorio castellano.

[39] Jacobo Sanz reúne y edita los textos literarios de carácter consolatorio que se generaron en torno a la muerte del príncipe don Juan, tanto impresos como manuscritos, por una gran cantidad de autores españoles y extranjeros [Sanz Hermida, 1993, 1995; 1999: 221-372]. También Pérez Priego [1997] y Enrique San Miguel Pérez [1998] refieren las obras que tratan de la muerte del príncipe, como las de Encina, así como Ruth Martínez, que recoge en su tesis doctoral la producción literaria, castellana y lusa, en torno al suceso [Martínez Alcorlo, 2017: 331-341 y 402-413].

[40] Espinosa Maeso, 1923: 578-579; Gómez Moreno, 2012: 18-35; Maurizi, 2014: 66; Framiñán de Miguel, 2015: 227 y 293.

sumamente popular» [Maurizi, 2014: 66-67]. Por otra parte, Carolina Michaelis de Vasconcelos [1918: 337-66] señaló que la *Representación sobre el poder del Amor*, y no la *Égloga de Plácida y Vitoriano*, fue la pieza que se escenificó en el palacio de Arborea en Roma para celebrar la Epifanía de 1513. Carecemos de documentación que corrobore estas suposiciones, por lo que solo podemos señalar que se trata de hipótesis.

Comenzamos con el análisis teatral de la *Representación por Juan del Enzina ante el muy esclarescido y muy illustre príncipe don Juan*[41]. El elemento más novedoso es que Cupido se convierte en personaje teatral en esta pieza. Será esta la primera vez que un ser mitológico tenga presencia escénica[42]. Hasta ahora, el poder del dios Amor era mostrado en escena a través del parlamento de los personajes, pero aquí se convierte en *dramatis persona* y no será la única vez en la que esto sucede, pues Amor volverá a tener presencia escénica en la *Égloga de Cristino y Febea*, donde, además, se recurre a otro personaje de reminiscencias clásicas, la ninfa Febea. Asimismo, en la última égloga de Encina, *Plácida y Vitoriano*, se muestran otros dos seres mitológicos, Venus y Mercurio, como veremos.

El personaje de Amor es el primero en entrar en escena. En sus cien primeros versos, realiza un monólogo que es una

---

[41] Rosalie Gimeno destaca que en esta pieza existen «reminiscencias del *Triunfo*» de Amor enciniano [Encina, 1977: 24].

[42] Battesti Pelegrin [1987] ha analizado la presencia de los tópicos de la lírica cancioneril de temática amorosa en el teatro de Encina. Lope [1987] estudia la manifestación de contenido amoroso de Ovidio, del *Libro de buen amor* y del *Diálogo* de Cota, además de la presencia del discurso de amores cortesano. También María Luisa Castro [2015] realiza una trayectoria de la presencia del Amor como personaje teatral y sus antecedentes medievales como el *Libro de buen amor* o el *Diálogo entre el Amor y un viejo* de Rodrigo de Cota.

verbalización de la teoría amorosa de la poesía cancioneril en la época, en la que se desarrolla el poder de amor. Cupido, en primera persona, resalta su poderío y sus efectos en los amantes. Ronald Williams señala que «in the introductory speech of Cupid the author makes use of the long monologue for the first time» [1935: 20]. En esta pieza, se adelanta una estructura claramente teatral en escenas, marcadas por la salida y la entrada de personajes, como iremos comprobando.

Los primeros diez versos podrían interpretarse como un introito por la apelación al público y por la mención del tema principal, el poder del Amor:

Ninguno tenga osadía
de tomar fuerças comigo,
si no quiere estar consigo
cada día
en rebuelta y en porfía.
¿Quién podrá de mi poder
defender
su libertad y alvedrío?,
pues puede mi poderío
herir, matar y prender [vv. 1-10].

Es fácil imaginarse la apelación directa al público, su llamada de atención, a través de ese «ninguno», de la amenaza «si no quiere estar consigo», y del desafío «Quién podrá de mi poder / defender / su libertad y alvedrío». ¿Señalaría al público? ¿Cómo aparecería en escena? ¿Con algún mecanismo de tramoya? ¿Llamaría la atención su aspecto físico?

Los cinco primeros versos son, además, un adelanto de lo que va a suceder en escena poco después, que es una de las funciones del introito teatral. En la última estrofa de su monólogo, Amor sentencia su poder sintetizando la extensión de su poderío:

> Puedo tanto quanto quiero,
> no tengo par ni segundo,
> tengo casi todo el mundo
> por entero
> por vasallo y prisionero:
> príncipes y emperadores
> y señores,
> perlados y no perlados;
> tengo de todos los estados
> hasta los brutos pastores [vv. 93-100].

¿Se trataría de una alusión directa al príncipe? ¿Se encontraría Amor en ese momento cerca del destinatario de la pieza? Aunque es un tópico del poder del Amor, como señala Alberto del Río,

> no debe perderse de vista el hecho de que la *Representación* se pensó originalmente para agasajar al príncipe don Juan en su estancia salmantina, con lo que los vv. 95-98 adquirirían una especial resonancia en auditorio tan distinguido, máxime siendo secreto a voces la pasión incontenible del heredero por la princesa Margarita [Encina, 2001: 328].

Asimismo, esos «señores, / perlados y no perlados» formarían parte del público que asiste a la escenificación, por lo que los gestos de Amor provocarían complicidad entre los asistentes. Sus referencias concluyen con la mención de «los brutos pastores», siendo uno de ellos Pelayo, que aparecería en escena en ese momento y sería divisado por Amor.

Antes de pasar a analizar el encuentro del rústico con el dios, nos vamos a detener en reconstruir la apariencia física que pudo mostrar Cupido en escena. El complemento principal de su atuendo, por lo tópico y visualmente reconocible, es el arco y las flechas[43]. A ellos alude la acotación explícita en la rúbrica inicial, «*doradas frechas del Amor*» y «*con sus frechas y arco*» [p. 101], y se reitera la presencia de ambos objetos escénicos a lo largo del diálogo teatral: «mis saetas lastimeras» [v. 21], «con tu frecha / muy perhecha» [vv. 166-167] y «diome con una saheta» [v. 222]. Las flechas, además, son «*doradas*», según la citada rúbrica, pues las de oro se emplean para causar amor en quien las recibe– frente a las de plomo, que son disparadas por Cupido para causar rechazo– como se recoge en el *Tratado de amor atribuido a Juan de Mena*, al que alude Alberto del Río en su edición [Encina, 2001: 327].

Las *Metamorfosis* de Ovidio nos proporcionan mayor información sobre el tipo de flecha que dispararía Cupido a Pelayo. En el mito de Apolo y Dafne, se relata que Cupido

saca dos flechas de su carcaj repleto, que tiene diversos fines: una ahuyenta el amor, y otra hace que nazca. La que hace brotar el amor es de oro y está provista de una punta aguda y brillante; la que lo ahuyenta es obtusa y tiene plomo bajo la caña. Con esta hiere el dios a la ninfa, hija del Peneo; con la primera atraviesa los huesos de Apolo hasta la médula. [Ovidio, 2004: 56].

Por tanto, la flecha que dispara Cupido es «de oro y está provista de una punta aguda y brillante» para poder enamorar a Pelayo.

---

[43] Sin embargo, Lope afirma que la flecha que dispara Cupido es «invisible» [1987: 79].

Como hemos aludido antes, Amor también es un personaje teatral en la *Égloga de Cristino y Febea* donde el arco y las
flechas también tienen presencia escénica:

toma el arco y las saetas,
mas cata que me lo guardes.
Con esta saeta aguda
yo, sin duda,
venço todo lo que quiero,
porque a quien con ella hiero
de mi mando no se muda. [vv. 264-270].

Y también en el diálogo que mantiene con Justino, en el
que este le dice: «traes arco con saetas / muy perfetas» y él
confirma que «saetas con arco trayo» [vv. 166-167 y 173]. Es
decir, ambas obras encinianas apuntan a la visualización de
Amor con sus dos complementos esenciales, el arco y las
flechas, con los que se le suele representar iconográficamente en numerosas obras artísticas de la época.

Por otra parte, en el diálogo teatral de la *Representación*,
se señala que Amor es un «garçón» [v. 101, 216 y 250], un
«zagal» [v. 121 y 178] y un «moçuelo» [v. 228]. En la *Égloga de
Cristino y Febea*, Amor es descrito como «desmesurado
garçón» [v. 393]. Aunque M. Á. Pérez Priego [Encina, 1991:
202] y Alberto del Río [Encina, 2001: 328] apuntan a la representación de Cupido como un niño, trayendo la definición
que se hace del Amor en el *Tratado de amor atribuido a
Juan de Mena*, lo cierto es que es más plausible que Cupido
fuera representado como un «zagal», un joven, más que un
niño. Sobre «garçón», Covarrubias indica que «vale tanto
como mancebo [...]. Los franceses llamaron garson al moço
gallardo» [1611, s.v. «garçón»]. Por su parte, «çagal» se define

como «grande, animoso, fuerte, y porque ordinariamente los mancebos son más gallardos, fuertes y animosos, que los hombres casados y entrados en días, quedó la costumbre en las aldeas de llamar çagales a los barbiponientes [...]. Çagal vale moço, y pastor fuerte» [Covarrubias, 1611]. Amor, por tanto, no sería el niño alado que aparece en múltiples soportes pictóricos y escultóricos de la época, sino que sería un hombre joven, mozo y, además, apuesto, de «bel mirar» [v. 101].

Asimismo, conviene señalar que el uso de «garçón», de origen francés, está bien documentado desde Berceo y tiene una presencia bastante intensa en los textos de Encina. Según Corominas y Pascual [2012], posee un sentido peyorativo de «mozo disoluto» e incluso «afeminado». El despectivo «moçuelo» [v. 228] que usa luego Bras lo confirma. El sentido peyorativo está claro en los adjetivos «repicado» y «arrufado» de los versos 216 y 217. «Repicado» podría ser 'amanerado' y «arrufiado» parece describir el aspecto, pues se halla conectado con «rufián» y su origen está relacionado con el color del pelo rubio y la actitud vanidosa [Corominas, 2012, s.v. «rufián»]. Por tanto, no descartaría considerarle como el proto «lindo» de nuestro teatro.

En el *Libro de buen amor*, del arcipreste de Hita, el Amor es descrito como «un omne grande, fermoso, mesurado» [Ruiz, 1992: copla 181c]. Su editor, Alberto Blecua remite a la típica iconografía medieval del Amor como hombre y no como niño [Ruiz, 1992: 53] a la que también apunta Paolo Cherchi [1986]. Existía, por tanto, una tradición medieval distinta de representar iconográficamente a Cupido que difería de la tópica representación mitológica clásica del niño alado. Siguiendo esta tradición icónica medieval, Cupido no necesariamente aparecería en escena desnudo, sino que podría aparecer simplemente con el torso descubierto o completamente vestido, como referiremos más adelante, al tener en consideración las ilustraciones de la época.

Asimismo, el hato del representante Gaspar de Oropesa recoge, entre las prendas destinadas a vestir a los personajes de las representaciones teatrales, «dos bestidos de Cupido, que son gregiescos y coraçuela» [Cátedra García, 2006: 501]; es decir, «greguescos», «calzones muy anchos que se usaron antiguamente» [Corominas, 2012, s.v. «griego»] y una especie de coraza. Ello corrobora, por tanto, la forma tópica de mostrar a Cupido en escena que vengo comentando. Parece, pues, que Amor sale en escena como cazador, según comenta el pastor Pelayo [vv. 103-104].

Según la mitología clásica Cupido es ciego. ¿Aparecería Amor con una venda en los ojos? La ceguera prototípica del personaje es referida por Bras en la *Representación*, como «Amor malvado, ciego» [v. 353]. También en la *Égloga de Cristino y Febea*, que analizaremos más adelante, el Amor muestra como cualidad la ceguera, según se desprende del diálogo entre este y Justino:

JUSTINO	Más pareces a mi ver
	y entender
	lechuza, que no Cupido:
	eres ciego y buscas ruido,
	poco mal puedes hazer.
	Traes arco con saetas
	muy perfetas,
	y tú no vees a tirar.
	Tienes alas sin bolar,
	tus virtudes son secretas.
AMOR	Yo soy ciego porque ciego
	con mi fuego;

saetas con arco trayo
y alas, porque como un rayo
hiero en el coraçón luego. [vv. 161-175].

Podría ser, por tanto, que Cupido apareciera con una venda en los ojos, aunque este atributo es más claro en la citada *Égloga de Cristino y Febea*. En cualquier caso, no resulta este un elemento de atrezo necesario en escena.

Antes hemos señalado que, tras el monólogo inicial de Amor, este seguramente ve aparecer en escena a uno de los «brutos pastores»: el rústico Pelayo. Sin embargo, el que inicia el diálogo es el pastor, que increpa a Amor nada más percatarse de su presencia:

¡A, garçón de bel mirar!
¿Quién te manda ser osado
por aquí, que es devedado,
de caçar
sin licencia demandar? [vv. 101-105].

Estos versos permiten reconstruir el espacio dramático representado en escena, anunciado en la rúbrica inicial, a través de una didascalia explícita, como *dehesa vedada* [p. 101]. El pastor señala que están en un lugar «devedado / de caçar»; también permite componer el espacio lúdico mediante el deíctico «aquí». Para Covarrubias, «dehesa» es «campo de yerva donde se apacienta el ganado [...]. La dehesa es estremo do pacen y se goviernan los ganados, y por estar guardada y defendida, hasta cierto tiempo que admiten el ganado, se llamó defesa, y corrompido el vocablo dehesa» [1611, s.v. «dehesa»]. También puede significar «tierra baxa, llena de yerva, por la qual se camina mal, por la humedad del suelo, y espessura de la yerva, que no dexa abierto camino, o sendero, cerrándolo todo» [1611]. Se trata, por tanto, de un espacio natural, en el que suelen habitar los pastores como Pelayo y en el que la presencia de un hombre que va a «caçar», no es frecuente ni bienvenida[44].

En las sueltas, el espacio dramático es modificado. Como rezan las rúbricas de los pliegos, el espacio representado en escena es la «selva», que «vale montaña» [Covarrubias, 1611]. El lugar posee reminiscencias clásicas, pues procede de la latina silva, y así pueden señalarse influencias renacentistas que comienzan a percibirse a principios del siglo XVI. El público, por tanto, preferiría estas últimas tendencias italianas a las que el texto de las sueltas se adecúa. Por otro lado, aunque ambos son lugares de ámbito bucólico, el espacio de la selva no posee el valor de rusticidad que sí conserva la «dehesa vedada» [Lope, 1987: 83].

La apariencia física de Pelayo no está muy detallada en la pieza. La rúbrica (tanto cancioneril como de las sueltas) le define como «pastor» [p. 101], por lo que portaría las prendas distintivas de su condición, seguramente sayo, zurrón y cayado. Sí se mencionan, no obstante, dos complementos de su atuendo que tuvieron, seguramente, presencia escénica: la honda y el cinturón. Ambos son señalados por el propio Pelayo cuando discute con Amor: «¡Guarte!, que si me descingo / mi hondijo, / fretirt'é en la cholla un guijo» [vv. 163-165]. Interpretamos, pues, que el pastor lleva una honda sujeta al cinto. Ya vimos que en la *Égloga representada en requesta de unos amores* y en la *Representada por las mesmas personas*, el pastor Mingo también portaba en el cinto su «hondijo»

---

[44] La caza de amor es frecuente en la poesía cancioneril. Puede consultarse al respecto Thiébaux [1974].

[Sánchez Hernández, 2023: 180, 185 y 208]. Como refiere Covarrubias, la honda es «arma peculiar de los pastores» [1611], por lo que contrastaría con el arco de Amor, un arma más caballeresca.

En esta ocasión, además, suponemos que Pelayo acompaña su parlamento con gestos; es decir, mientras habla procede a soltar la honda de su rústica sujeción («me descingo / mi hondijo») para amenazar a Amor con ella. Dado que 'descingo' es 'desciño', es decir, «quitarse el cinto, y presupuesto que de él estaba pendiente la espada» [Covarrubias, 1611], podría interpretarse que, en lugar de esta arma, Pelayo tendría en su cinto el «hondijo» [v. 46], como también lo lleva un pastor en la anterior *Égloga representada en requesta de unos amores*.

En cuanto al «guijo», es decir, un guijarro, contrasta cómicamente con la «frecha / muy perhecha» de Cupido [vv. 166-167]. Este elemento del atrezo del pastor, con presencia escénica o mediante decorado verbal, contribuye, junto con la honda, a completar la vestimenta de Pelayo. Existen numerosas representaciones pictóricas que muestran a pastores con cinto, del que cuelgan distintos complementos pastoriles (figuras 3, 10 y 11). En cuanto a la honda, en las figuras 17, 18 y 19, se muestra al bíblico David blandiendo el arma arrojadiza contra Goliat.

Figura 17. *Triunfo de David*, detalle, Martin van Heemskerck, impreso por Dirck Volckertsz, 1559, Ámsterdam, Rijksmuseum.

Figura 18. *David derrota a Goliat*, Hans Holbein, 1538, impreso por Veit Rudolf Specklin, Ámsterdam, Rijksmuseum.

Figura 19. *David*, anónimo, detalle, Nuremberg, hacia 1549-1591, Ámsterdam, Rijksmuseum.

Por su parte, en las figuras 20 y 21, se pueden apreciar hondas modernas confeccionadas con materiales sencillos que bien pudieron haber empleado los pastores de la época de Encina.

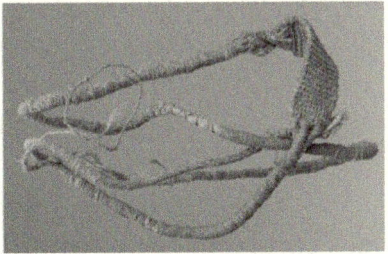

Figuras 20 y 21. Hondas. Siglo xx, Museos Nacionales de Kenia, Nairobi.

Hemos comentado antes que Pelayo increpa a Amor, sin
conocerlo, porque cree que está cazando en lugar «devedado». A continuación, se produce una larga escena de pullas
verbales [vv. 106-182] que nos recuerda a la protagonizada
por Mingo y el Escudero en la enciniana *Égloga representada
en requesta de unos amores*, y a la que desarrollaron Juan y
Mateo en la primera *Égloga representada en la noche de la
Natividad*. Aquí, sin embargo, la escena es más larga y contiene más elementos de teatralidad y de episodios cómicos
causados por la ignorancia y la rusticidad del pastor. Cupido
es quien comienza los insultos:

> AMOR   ¡Modorro, bruto pastor,
>   labrador,
>   simple, de poco saber! [vv. 106-108].

Y más adelante:

> AMOR   ¡Calla, rústico, grossero,
>   ovejero!
>   [...]
>   Eres un çafio maduro.
>   [...]
>   Eres triste lazerado,
>   tan cuitado
>   que por tu poco valer
>   más te querría perder
>   que tenerte a mi mandado [vv. 126-140].

Más adelante, Pelayo duda de las habilidades de Amor,
pues considera que él es superior al intruso y lo expresa de
forma bastante cómica:

PELAYO   ¿Amenázasme, zagal,
                o qué es esso que departes?
                Si presumes con tus artes,
                ¡juro a tal
                que quiçás que por tu mal! [vv. 121-125].

A esta primera amenaza de Pelayo le seguirán otras que apuntan a un posible enfrentamiento más físico que verbal: «¿Tomas, tómaste comigo? / Medrarás, yo te seguro» [vv. 131-132]. Más adelante, Cupido empieza a anunciar el desenlace de Pelayo, lo que crea complicidad con el público, que ya conoce los poderes de Amor; mientras, el rústico continúa mostrando su fanfarronería y acaba por desafiar físicamente a Cupido con su arma:

AMOR   Pues ten por cierto de mí
                desde aquí,
                si te acontesce otra tal,
                yo haré que por tu mal
                quede memoria de ti.
PELAYO   Tú, ¿qué me puedes hazer?
                Haz todo lo que pudieres,
                que según lo que dixeres,
                a mi ver,
                assí te an de responder.
AMOR   ¿Aún te quieres igualar
                y parlar?
                Cata que si más me ensañas,
                te enclavaré las entrañas
                para más te lastimar.
PELAYO   Pues si más yo me embotijo,
                mal por ti, por sant Domingo.
                ¡Guarte!, que si me descingo

mi hondijo,
fretirt'é en la cholla un guijo.
Veamos tú con tu frecha
muy perhecha,
aunque vengas más perhecho,
si tiraras más derecho
o por arte más derecha. [vv. 146-170].

En el momento en el que Pelayo se dispone a lanzar un
«guijo» con su honda, Cupido parece corresponderlo, apun-
tándolo con su arco y con su flecha. La descripción que hace
Pelayo de su propio sentimiento hostil hacia Amor es el de
«embotijo». Según Covarrubias, «vale enojarse, es de los que
se enojan y con la cólera reprimida hinchan los carrillos a
modo de botijas, y los niños quando quieren llorar, dezimos
que hazen pucheritos, porque hinchan los carrillitos a manera de pucheritos» [1611, s.v. «embotijar»]. Por ello, la reacción
rústica de Pelayo resulta cómica[45]. Imaginamos que el pastor
comienza a soltar la honda de su cinturón, pues Amor le dice
«Espera, espera, pastor» [v. 171]. El auditorio, cómplice mudo,
sabe de antemano el desenlace del desafío, por lo que se
recrea aún más en la escena:

AMOR	Pues toma agora, villano,
	porque amagues,
	pues que tal hazes, tal pagues.
PELAYO	¡Ay, ay, ay, que muerto soy!
	¡Ay, ay, ay!
AMOR	Assí, don villano vil,

---

[45] Semejante acepción contiene Covarrubias tras el término «botija»: «vaso de tierra ventrudo, con la boca y cuello angosto. Los niños quando están para llorar
hinchan los carrillos, y esto llaman embotijarse» [1611].

porque castiguen cient mill,
en ti tal castigo doy.[46]
Quédate agora, villano,
en esse suelo tendido,
de mi mano mal herido,
señalado,
para siempre lastimado.
Yo haré que no fenezca,
mas que cresca
tu dolor, aunque reclames.
Yo haré que feo ames
y hermoso te parezca. [vv. 183-200].

Ese «pues que tal hazes, tal pagues» remite al refrán «quien tal hace que tal pague; alza la mano y dale» [Correas, 1906: 339-340]. A pesar de la ausencia de marcas textuales explícitas en forma de acotaciones escénicas que señalen la acción de Cupido, esto es, el disparo de la flecha de oro que alcanza a Pelayo, el refrán permite reconstruir esta acción escénica a través de la palabra, en concreto al movimiento de Cupido: «alza la mano y dale».

De nuevo, aunque carecemos de acotaciones escénicas explícitas, el texto permite reconstruir que Amor le lanza una flecha a Pelayo, y este cae al suelo, donde queda sin moverse, como señala Cupido («Quédate agora, villano, / en esse suelo tendido») y como reconocerá más adelante el propio pastor («Caí luego en el suelo», v. 229).

---

[46] Los versos «Assí, don villano vil, / porque castiguen cient mill, /en ti tal castigo doy» [187-190] no aparecen en los pliegos. Para María Jesús Framiñán [2012-2013: 53 y 55], la versión cancioneril es más correcta, al considerar que el texto de las sueltas es resultado de una lectura errónea.

Como apuntábamos más arriba, cuando remitíamos a la apariencia de Cupido, existen algunas ilustraciones medievales que representan a Amor como un joven, vestido a la moda cortesana de la época, portando arco y flechas y mostrando sus alas representativas. Todas las imágenes que proporciono a continuación proceden de manuscritos de *Le Roman de la Rose*; en ellas, Amor acecha y dispara sus flechas a un cortesano que podríamos sustituir por la figura de un pastor (figuras 22 a 27). En la figura 28, se puede apreciar cómo el personaje herido de Amor cae al suelo.

Figura 22. Cupido, iluminación de Robinet Testard, en*Le Roman de la Rose* de Jean de Meun y Guillaume de Lorris, hacia 1490-1500, Francia, Biblioteca Bodleiana, Universidad de Oxford [Lorris y de Meun, 1490-1500, fol. 13r].

Figura 23. Cupido, iluminación de Robinet Testard, en *Le Roman de la Rose* de Jean de Meun y Guillaume de Lorris, hacia 1490-1500, Francia, Biblioteca Bodleiana, Universidad de Oxford [Lorris y de Meun, 1490-1500, fol. 10v].

Figura 24. Cupido, iluminación de Robinet Testard, en *Le Roman de la Rose* de Jean de Meun y Guillaume de Lorris, hacia 1490-1500, Francia, Biblioteca Bodleiana, Universidad de Oxford [Lorris y de Meun, 1490-1500, fol. 14v].

Figura 25. Cupido, ilustración atribuida a Jeanne de Montbaston, en el *Roman de la Rose* de Guillaume de Lorris y Jean de Meun, hacia 1340, París, The Morgan Library & Museum, Nueva York [Lorris y Meun, ¿1340?, fol. 12v].

Figura 26. El dios de Amor apuntando al amante, iluminador desconcoido, en el *Roman de la rose* de Guillaume de Lorris y Jean de Meun, hacia 1405, París, The J. Paul Getty Museum [Lorris y Meun, ¿1405?, fol. 10v].

Figura 27. *Le Roman de la Rose*, Guillaume de Lorris y Jean de Meun, fol. 15r, hacia 1401-1500, Francia, Biblioteca Nacional de Francia [Lorris y Meun, 1401-1500, fol. 15r].

Figura 28. *Le Roman de la Rose*, Guillaume de Lorris y Jean de Meun, fol. 15r, hacia 1401-1500, Francia, Biblioteca Nacional de Francia [Lorris y Meun, 1401-1500, fol. 15v].

Tras su disparo, Amor concluye su venganza advirtiendo al pastor que «yo haré que feo ames / y hermoso te parezca» [vv. 199-200]. ¿Aparecería Marinilla como figurante para que Pelayo se enamorara de ella? Como debe ser pastora (y fea, para cumplir lo que enuncia Amor en los esos versos y lo que refiere luego Bras en el verso 383), la amada podría haber paseado por esa dehesa vedada con su ganado. Si no hubo presencia escénica de Marinilla, la escena posee la suficiente teatralidad para lograr la comicidad en escena.

Amor abandona la escena rápidamente, pues Bras entra a las voces del pastor («¡Ay, ay, ay, que muerto soy! / ¡Ay, ay, ay!») y no parece encontrarse con nadie más en escena. Además, el mismo Pelayo lo corrobora después:

BRAS   ¿E por dónde fue?
PELAYO   No sé,
                porque assí como me dio
                luego la pata aballó.
                Tal quedé
                que no vi por dónde fue [vv. 231-235].

¿Sería un mecanismo de tramoya? Ya hemos señalado que los personajes angelicales aparecían y desaparecían seguramente a través de una cortina, en las obras sacras, como en la *Égloga de las grandes lluvias* y en las sacras del primer *Cancionero* enciniano [Sánchez Hernández, 2023: 109 y 134]. ¿Cómo se resolvería la escena aquí? ¿se emplearía el mecanismo de una máquina aérea? Cupido señaló que «soy muy certero en tirar / y en bolar» [vv. 26-27]. La situación excepcional de la escenificación –la presencia de los herederos de Castilla–, permitiría el uso de maquinaria más complicada. No obstante, la escena podría resolverse fácilmente con la salida de Amor a pie y ello no perjudicaría a la teatralidad de la acción.

A continuación, Bras entra en escena. Su presencia tampoco se marca explícitamente mediante acotaciones escénicas, pero la rúbrica inicial sí indica que Bras es un rústico: «*introdúzense dos pastores, Bras y Juanillo*» y que lo hace «*a las bozes de otro pastor, Pelayo llamado*» [p. 101]. El texto señala también que el rústico herido por Amor permanecerá en el suelo hasta el final de la pieza, como comenta Bras:

> ¡A, Pelayo! ¿Qué as avido?
> Dime, dime, assí te gozes,
> qu'el reclamo de tus vozes
> me ha traído.
> ¿De qué stás amodorrido?
> ¡Di, di, di, Pelayo! ¿Qué as? [vv. 201-206].

El pastor ha quedado medio inconsciente («amodorrido»), por lo que Bras trata de hacerle recobrar el sentido. Es cómica la descripción que realiza Bras de una persona que ha perdido la consciencia, y lo equipara con estar «amodorrido». Covarrubias señala que «amodorrido» es «vocablo antiguo, rústico» y lo hace derivar de «modorro», que es «el que está con esta enfermedad soñolienta» y procede de «modorra», que «es una enfermedad que saca al hombre de sentido, cargándole mucho la cabeça». Finalmente, «modorrilla» es «enfermedad de las ovejas» [1611]. De este significado se desprende que se ha producido una animalización del sentimiento amoroso de Pelayo con un fin claramente cómico. Este recurso lo vuelve a emplear Bras cuando conoce quién ha sido el que ha atacado a su compañero: «¿por qué davas / coces contra el aguijón» [vv. 247-248]. Así, Pelayo es como un animal, que da «coces», y Amor es como una abeja, que clava su «aguijón», es decir, su flecha.

A continuación, se produce otro pasaje de gran comicidad, pues Pelayo, herido gravemente, no puede soportar el dolor y se desmaya:

PELAYO   ¡Ay, ay, ay, que me desmayo!
BRAS   ¿Qué as, Pelayo?
                ¡Esfuerça, esfuerça, Dios praga! [vv. 256-258].

En esta guisa se mantiene Pelayo durante gran parte de la acción teatral siguiente, pues el propio Escudero también señala que Pelayo está «sin sentido» [v. 316], «está más muerto que vivo» [v. 362]. El momento del desmayo, que obtuvo amplia repercusión posterior en cantarcillos y obras dramáticas [Encina, 2001: 109 y 330], también es representado iconográficamente en el manuscrito *Le roman de la rose* iluminado por Robinet Testard (figura 29).

Figura 29. Cupido, iluminación de Robinet Testard, en*Le Roman de la Rose* de Jean de Meun y Guillaume de Lorris, hacia 1490-1500, Francia, Biblioteca Bodleiana, Universidad de Oxford [Lorris y de Meun, 1490-1500, fol. 13r].

Lucas Fernández aludirá al pasaje en su *Farsa o quasi comedia de Pravos y Antona*:

> También me ñembra Pelayo,
> aquel qu'el amor hyrió,
> que en aquel suelo quedó
> tendido con gran desmayo
> [Fernández, 1976: vv. 171-174].

Se conservan varias composiciones musicales con Pelayo como protagonista, que también pudieron emplearse como interludio musical en este momento concreto, tras los versos 256-257 o incluso en una escena posterior en la que se vuelve a jugar con la rima Pelayo /desmayo [vv. 414-415], a la que nos referiremos más adelante. Una de esas piezas musicales es «¡Ha, Pelayo, qué desmayo!», que también ha sido propuesta como cierre de la obra [Maurizi, 2014: 55-60]. Este villancico pastoril, anónimo [pero con música y letra atribuidas a Pedro Juan Aldomar], posee una estructura dialogada. Por representar la escena central de la pieza teatral–el desmayo de Pelayo–, pudo haber sido ejecutada en este momento[47]. Transcribo el texto conservado en el *Cancionero Musical de Palacio*:

> – *¡Ha, Pelayo, qué desmayo!*
> – *¿De qué, di?*
> – *D'una zagala que vi. –*
> – ¡O Pelayo, si la vieras!
> Tanta es su hermosura,
> no bastara tu cordura,
> que luego no te vençieras

---

[47] Maurizi [2014: 55-58] se detiene en este villancico y sus versiones, así como en la figura de Aldomar.

i penaras y murieras.
– ¿Tal es, di?
– Hermano Pelayo, sí.
– Luego, más valía no ir
donde tú, Domingo, fuiste,
que si viera lo que viste,
¿quién m'escusara morir?
– ¿Sí más quieres oír?
– Tú me di
si bibe çerca de aquí.
– ¿Qué más bien quieres ni 'speras
que morir por solo vella?
Que bibir sin conoçella
no es bibir, ni tú lo quieras.
Procura vella aunque mueras.
– ¿Por qué, di?
– Y veras lo que sentí.
– Dime, dime si es morena
o si es blanca su figura.
¡O qué fuerte gestadura
deve ser quien tanto pena!
– ¡Ay triste, que me condena!
– ¿A qué, di?
– A muerte, porque la vi.
[Romeu i Figueras, 1965: 290-291].

A continuación, Bras trata de ayudar a su compañero mal-
herido e inconsciente y para ello solicita la presencia de otro
pastor, Juanillo, que aparece en escena por petición de Bras:

BRAS   [...] ¡Juanillo!
JUANILLO   ¿Qué?
BRAS   Muestr'acá.
          Tu barril acá me saca.

	Daca toste, da, da, daca.
JUANILLO	Toma allá.
BRAS	¿Tienes agua?
JUANILLO	Soncas, ha.
BRAS	Échame una poca aquí.
JUANILLO	Para aí. [vv. 261-267].

La escena parece requerir la presencia escénica del barril de agua con el que Bras trata de recobrar la consciencia de Pelayo sin éxito. Se supone que este sería un recipiente pequeño, tipo cantimplora, quizá como diminutivo BARRICULUM de BARRICA, según apunta Corominas [2012: 391]. Parece que el pastor se excede en la cantidad de agua que vierte sobre Pelayo, pues Juanillo le indica que se detenga («para aí»). Ello trataría de provocar una escena cómica. No obstante, la presencia real de agua podría suplirse fácilmente con los gestos oportunos de los rústicos, y el barril de agua formaría parte del decorado verbal.

Esta escena varía en las sueltas, como han consignado los editores modernos de la pieza [Encina, 1991: 211; 2001: 264][48]. Ofrezco, a continuación, la transcripción del pasaje de una de las sueltas que se repite en las otras tres con ligeras variaciones:

BRAS	A, Juanillo, ¿dónde estás?
JUANILLO	¿Qué, Bras?
BRAS	Muestra acá tu barril. ¡Daca!
	Daca toste, daca.

---

[48] Este cambio del texto en las sueltas es considerado por María Jesús Framiñán [2012-2013: 53 y 55] como una lectura errónea o divergente del texto del *Cancionero*, pero, a mi ver, la variante de los pliegos parece más clarificadora para apreciar la teatralidad de la escena. En cualquier caso, las diferencias son mínimas.

JUANILLO	Toma allá.[49]
BRAS	¿Tienes agua? Di.
JUANILLO	Soncas, ha.[50]
BRAS	Echa me una poca aquí.
JUANILLO	¡Para aý! [Encina, 1515-1519].

Comprobamos, pues, que el remedio de Bras no ha surtido ningún efecto, pues Pelayo sigue desmayado. Bras, al contemplar a su compañero, protagoniza con sus palabras y sus gestos una situación risible:

Muy poco galisto tienes,
Iesus autem entransienes,
¡O, mallogrado de ti!
    ¡Malogrado, malogrado,
qué poco que te llograste,
con mal amor te tomaste,
desdichado!
Yo te doy por perpassado,
cuitado de ti, perdido,
dolorido. [vv. 269-277].

Podemos intuir que Bras se santigua, hace la señal de la cruz y pronuncia «*Iesus autem entransienes*», que es una deformación del texto evangélico «*Iesus autem transiens per medium illorum ibat*» que se leía como antífona [Encina, 1991: 212; 2001: 110 y 330]. En el texto de las cuatro sueltas, este verso se sustituye por «Jesús, éntrale en las sienes». En su edición enciniana, Luisa de Aliprandini señala que Bras,

---

[49] «Tomallá» en la suelta de la Biblioteca Nacional [Encina, ¿1515-1519?] y de la Biblioteca Nacional de Madrid [Encina, 1525: 3r].
[50] «Soncas, sí» en la suelta de la Biblioteca Nacional [Encina, ¿1515-1519?].

quizá inconscientemente, se comporta como el sacerdote que acompaña el rito de la aspersión con una fórmula en latín. Y la fórmula macarrónica del pastor Bras debe dar poder casi milagroso al agua con la que se acaba de rociar la cara del desmayado Pelayo [Encina, 1995: 68].

Juanillo, entonces, propone otro remedio para que Pelayo vuelva en sí, alargando la situación cómica:

JUANILLO	Otea, Bras.
BRAS	¿Qué me dizes?
JUANILLO	Trávale de las narizes,
	veremos si tien sentido.
BRAS	Pues aún el pulso le bate. [vv. 278-282].

El remedio rústico contribuye, así, a la comicidad de la acción teatral, a través de la parodia de los tratados amorosos de la época. En la figura 30, puede observarse a dos personajes «trabándose de las narices», escena bastante contraria a los procedimientos médicos medievales.

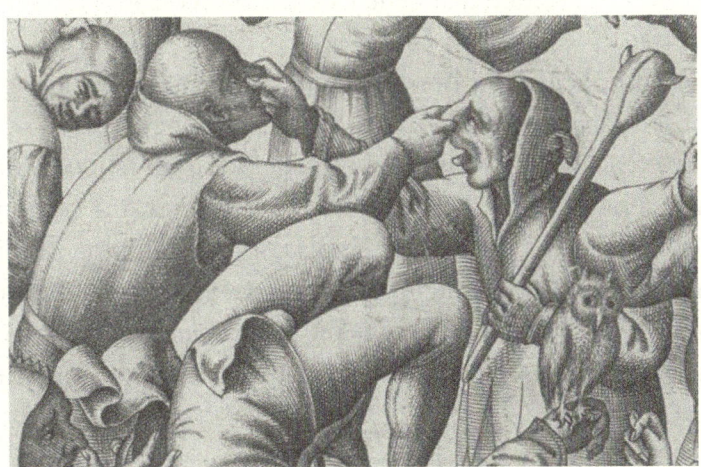

Figura 30. *Feria de los locos*, Pieter van der Heyden, hacia 1570-1601, Ámsterdam, Rijksmuseum.

Finalmente, Bras advierte que necesitan la presencia de un «palaciego», que «más quellotra» de amores [v. 298], que no un «físico» o el «crego» [v. 299], para poder socorrer a Pelayo. En ese momento, entra un Escudero en escena. Este personaje ya aparecía en la *Égloga en requesta de unos amores* y al final de la *Égloga representada por las mesmas personas*. Suponemos que aquí su apariencia sería similar y tópica a la de las otras piezas, para causar contraste entre los rústicos. ¿Cómo se ha producido su entrada? No tenemos indicio del modo, pero su aparición marca el inicio de una nueva escena:

> BRAS   [...] Y en aquestos males tales,
> tan mortales,
> más quellotra un palaciego
> que no físico ni crego,
> aunque saben de otros males.
> ESCUDERO   Dezidme agora, pastores,
> ¿qué mal tiene este pastor? [vv. 296-302].

A continuación, se produce una conversación entre Bras y el Escudero sobre el poder del amor [vv. 303-325], en la que se crea el espacio lúdico a través de un deíctico («¿amores acá sentís?», v. 310). En el diálogo posterior, un comentario sobre el poder del Amor, similar al que ya había aludido el propio Cupido al inicio de la pieza, marca el contraste entre la corte y la aldea, cuyo fin es buscar la risa [vv. 331-360]. Destacan las glosas que realiza Gil, de alto contenido cómico:

> E aun a mí me a rebolcado
> el Amor malvado, ciego,

por la sobrina del crego.
Y al jurado
Amor le trae acossado.
Y a Pravos trae perdido
y aborrido
por la hija del herrero.
Y Santos, el meseguero,
por Beneita anda transido [vv. 351-361][51].

Este catálogo paródico de amantes rústicos vencidos por
Cupido pretende causar comicidad. La lista de personajes
bíblicos y mitológicos bajo el poder del Amor será ampliada
en las sueltas con la inclusión de cuatro estrofas más trufadas
de amantes históricos y literarios. María Jesús Framiñán ha
señalado que la prolija enumeración de enamorados someti-
dos por Amor de las sueltas «subvierte la perfecta simetría y
tensión dramática con las que el texto cancioneril construye
ese pasaje» [2012-2013: 57-58]. Si bien es cierto que rebaja la
tensión dramática, alargando el diálogo, no rompe tanto esa
«perfecta simetría», porque frente a los tres rústicos enamorados, procedentes de la tradición bíblica, que propone el Escudero (Salomón, David y Sansón, vv. 346-350), Bras propone cuatro, no tres, pastores de su entorno: él mismo, el
jurado, Pravos y Santos [vv. 350-359]. Y finalmente, el Escu-

---

[51] La lista de amadores también aparece en el *Triunfo de Amor* enciniano. Bajo
la rúbrica «los desdichados amadores», se ofrece una lista mucho más larga y con
muchos más personajes clásicos [Encina, 1996, 504-506, vv. 415-477]. Como ya ha
señalado Rosalie Gimeno, es interesante tener en consideración el *Triunfo de
Amor* de Encina, pues, «por un lado, el catálogo de amantes históricos y literarios
grecolatinos presagia los más cortos, aunque similares, del teatro subsiguiente
[...]. Por otro lado, el catálogo de figuras [...] [Cupido, Venus] coincide con el
teatro amoroso [...]. Este poema fue un ensayo temprano de las ideas básicas que
el autor incorporaría finamente a su teatro» [Encina, 1977: 22-24].

dero añade a Pelayo, «e aqueste de aqueste suelo» [v. 361].
Son, por tanto, cinco y no tres los pastores bajo el poder del
Amor. Se ha justificado esta añadidura como un cambio de
gustos. ¿A qué público le agradaría este tipo de ampliación?
¿Uno de categoría estudiantil? O quizá, sencillamente, a un
público lector, no espectador.

Más adelante, la acción teatral desencadena otro momento cómico, que teatraliza y parodia tratados médicos de la
época sobre la enfermedad del amor. En concreto, la conocida anécdota de Galeno que relato tomando prestadas las
palabras de Bernardo Gordonio:

> e el pulso dellos es diverso e non ordenado, pero es veloz e
> freqüentado e alto si la muger que ama viniere a él, o la nom-
> braren, o passare delante d'él. E por aquesta manera conosció
> Galieno la passión de un mancebo doliente, que estava echado
> en una cama muy triste e enmagreçido, e el pulso era escondi-
> do e non ordenado e no lo quería dezir a Galieno. Entonçes
> acontesció por fortuna que aquella muger que amava passó
> delante d'él, e entonces el pulso muy fuertemente e súbitamen-
> te fue despertado. E como la muger ovo passado, luego el
> pulso fue tornado a su natura primera. E entonçes conosció
> Galieno que estava enamorado [...]. E por esso si alguno qui-
> siere saber el nombre de la muger que ama, nómbrele muchas
> mugeres, e como nombrare a aquella que ama, luego el pulso
> se despierta [Cátedra García, 1989: 214].

Encina precisamente teatraliza este pasaje y lo torna a lo
cómico:

ESCUDERO   [...] Por quién sufre tanto mal,
                  tan mortal.
                  Dígote que le he manzilla.

Bras	Asmo que por Marinilla,
	la carilla de Pascual.
Pelayo	¡Ay, ay, ay!, que aquéssa es ella,
	qu'el Amor quando me dio
	llugo, llugo me venció
	a querella. [vv. 366-374].

Pelayo, moribundo, al oír el nombre de su enamorada, «Marinilla», que no es una dama sino seguramente otra pastora, despierta de su desmayo y reconoce que ella es la causante de su dolor. Los tintes cómicos de la escena continúan cuando Bras afirma que no comprende que Pelayo esté enamorado de Marinilla pues «es una bissodia fea» [v. 383].

Desde que Pelayo ha despertado, ha mantenido su conversación solo con Bras. Pero después, parece percatarse de la presencia del Escudero y, se produce un aparte, en el que se señala la posición, algo alejada, del cortesano; de esta manera se construye el espacio lúdico de los personajes:

Pelayo	¿Quién es aquesse señor,
	qu'ende está?
Bras	No sé su nombre.
	Es un galán gentil hombre.
Escudero	¡Ay, pastor!
	He dolor de tu dolor. [vv. 391-395].

Seguidamente, ambos inician una conversación en la que Pelayo, sufridor, pregunta al cortesano, experto, sobre el mal que está sufriendo [vv. 396-440]. En la escena se produce, nuevamente, un rebajamiento del amor:

Escudero	Di, Pelayo,
	¿cómo quedas del desmayo?

PELAYO   Quedo de sospiros ancho.
                Tanto ensancho
                que cuido de rebentar.
BRAS   Dexa, déxalos votar,
                no se te cuajen nel pancho. [vv. 414-420].

Pelayo alude, de forma cómica, a los efectos del enamoramiento en los pastores. Como amante, está de «sospiros ancho», pues como señala Bernardo del Gordonio, los que sufren de *amor hereos* «tienen pensamientos escondidos e
fondos con sospiros llorosos» [Cátedra, 1989: 214].

El Escudero, que por fin ha comprobado que el Amor alcanza incluso a los pastores, aprecia las diferencias en el
sentir de nobles y aldeanos:

   E nosotros sospirando
desvelamos nuestra pena
y tenémosla por buena,
deseando
servir y morir amando;
que no puede ser más gloria
ni victoria,
por servicio de las damas,
que dexar vivas las famas
en la fe de su memoria [vv. 421-431].

Esta estrofa es elidida completamente en el texto de las
sueltas. María Jesús Framiñán ha señalado que

esta supresión sí me parece significativa como indicio de una
posible adaptación de la *Representación* a ambientes no cortesanos. Al elidir la estrofa, los pliegos unen dos intervenciones del
pastor Bras, una dirigida a Pelayo, que acaba de 'resucitar': «Dexa,

déxalos votar, no se te cuajen en el pancho» [los suspiros]; y otra dirigida al escudero: «Miafé, señor / acá harto nos despepitamos, / mas no nos resquebrajamos [*sic*] / como allá / que la fe de dentro está». Sin embargo, esa contraposición entre *acá # allá* [mundo rústico *versus* mundo cortesano] queda difuminada al omitirse el parlamento del escudero en el que se verbaliza el modo de sentir amores entre damas y caballeros mediante los términos característicos de la lírica cortés [2012-2013: 53-54].

Considero, asimismo, que el cambio ha debido tratarse de una imposición externa dada a la trágica muerte del príncipe don Juan. Ahora esos versos, sobre todo los que rezan «deseando / servir y morir amando», parecerían una defensa de la muerte por amor que no convenía para el caso del fallecido heredero de los Reyes Católicos. No hay más que recordar lo que las fuentes documentales señalan sobre la pasión irrefrenable del heredero.

Como es acostumbrado en las piezas de Encina, la *Representación* debería finalizar con la ejecución de una escena musical, puesto que el texto marca los preparativos de los personajes que predisponen al público para el canto y, en consecuencia, para el cierre de la obra:

BRAS   Ahotas que yo cantasse
por tu prazer, con Juanillo,
de amores un cantarcillo
si hallasse
otro que nos ayudasse.

PELAYO   Canta, Bras, yo te lo ruego
por San Pego.

ESCUDERO   Y cantad, cantad, pastores,
que para cantar de amores
ayudaros he yo luego. [vv. 441-450].

Se trataría de un cantar a tres voces, según señalan las indicaciones implícitas «otro que nos ayudasse». Es decir, entonarían la pieza Bras, Juanillo y el Escudero, mientras que Pelayo, herido de las flechas de Amor, los contemplaría. Sin embargo, el texto teatral insertado en los cancioneros concluye sin la incorporación explícita de la pieza musical que, por otra parte, debería ser de temática amorosa [«de amores un cantarcillo» y «cantar de amores»]. Esta peculiaridad del texto ha sido destacada por la crítica en numerosas ocasiones. Por su parte, Françoise Maurizi, ha indicado que

la ausencia final del villancico ofrecería al autor una alternativa, la de insertar según el destinatario, el público, el acontecimiento celebrado, el que mejor convendría entre una compilación variada que atestigua la independencia de la lírica cancioneril con respecto a las obras teatrales [Maurizi, 2014: 46].

Sin embargo, María Jesús Framiñán aduce, de forma plausible, a razones editoriales la ausencia del texto del villancico en la *Representación* y también en la *Égloga de las grandes lluvias* que son las dos pizas que se recogen en el *Cancionero* de 1507 por primera vez. La investigadora señala que

Acaso la compaginación de ambas piezas en los folios finales del *Cancionero* de 1507 puede tener que ver con este hecho [la ausencia de pieza musical], pues ambas sitúan el inicio de texto a comienzo de folio, en columna a, y ambas lo concluyen haciendo coincidir el respectivo verso final con la última línea de folio, en la columna b [2012-2013: 48].

A pesar de que la versión del cancionero no recoge un final musicado, en los pliegos sueltos sí se inserta, al final del texto teatral, el villancico «Ojos garços ha la niña» que el propio autor había incluido en la sección de «Villancicos de amores» de su edición de 1496 [Encina, 1893: fol. XCVv]. El texto inserto en el cancionero y el de la suelta son idénticos. Asimismo, la composición también se conserva, con importantes variantes, en el *Cancionero de Uppsala* [1556][52]. El hecho de que una versión de este villancico se incluya en el *Cancionero* de los duques de Calabria [Venecia, 1556], ha llevado a la hipótesis de una posible escenificación de la *Representación* en la corte valenciana de Germana de Foix y Fernando de Aragón, de gustos italianizantes [Bécker, 1987: 33; Framiñán, 2012-2013: 59]. Ello remitiría a una celebración de un matrimonio cortesano en el que la pieza se representaría y cuyo villancico «Ojos garços ha la niña» elogiaría a la novia [Framiñán, 2012-2013: 59-60].

Varios críticos han señalado la inadecuación de este villancico a la temática de la obra teatral. Rosalie Gimeno afirma que este villancico «bellísimo» no le parece «una canción adecuada para terminar» la *Representación*. Pues, como señala,

en el teatro enciniano, la letra de las obras musicales intercaladas guarda una relación estrecha con el asunto y la temática de cada pieza. Porque este villancico está escrito al estilo pastoril y porque tiene como asunto el amor, cumple los requisitos generales que la última copla del texto pide; sin embargo, no

---

[52] Maurizi transcribe ambas versiones en paralelo, de forma que facilita el cotejo de ambos textos y estudia con detenimiento la transmisión impresa de ambas variantes y sus implicaciones [2014: 67-71]. Farrel [1975] ha analizado la tradición y evolución de esta composición musical.

guarda una estrecha relación con la representación, porque en vez de resumir el sentido de la obra o de reiterar uno de sus aspectos presenta una nueva historia de amor en la que los ojos, no las flechas de Cupido, inician el proceso del enamoramiento. Por todo ello, sospechamos que esta canción no es la que Encina utilizó para terminar la representación [Encina, 1977: 25].

Michaëlis de Vasconcelos [1918: 349], Sullivan [1976: 75] y Miguel Ángel Pérez Priego [1997: 45; Encina, 1991: 30-31] han señalado que este villancico pudo haberse insertado en las sueltas como un recuerdo de la belleza de Margarita de Austria (de sus «rasgados y expresivos ojos», según Pérez Priego). Sin embargo, si antes hemos indicado que en las sueltas se eliden las circunstancias concretas de representación, ¿por qué el villancico iba a aludir ahora a Margarita de Austria?[53]. Como señala Romeu i Figueras [1965: 378], el tema de los ojos fue muy tratado en la poesía medieval castellana, por lo que el villancico explotaría, en general, este tópico.

¿Y si el villancico se insertó en las sueltas para rellenar el hueco en blanco del último folio? Era este un procedimiento frecuente entre los impresores de las sueltas. Sería una explicación similar a la ofrecida por María Jesús Framiñán [2012-2013: 48] acerca de la ausencia de villancico en el texto de los cancioneros. En las figuras 31, 32, 33 y 34, se puede observar la disposición del villancico en las cuatro sueltas, rellenando, así, el blanco del verso del último folio.

---

[53] De esta reflexión se hacía eco también María Jesús Framiñán [2012-2013: 59] y Françoise Maurizi [2014: 47-48 y 70].

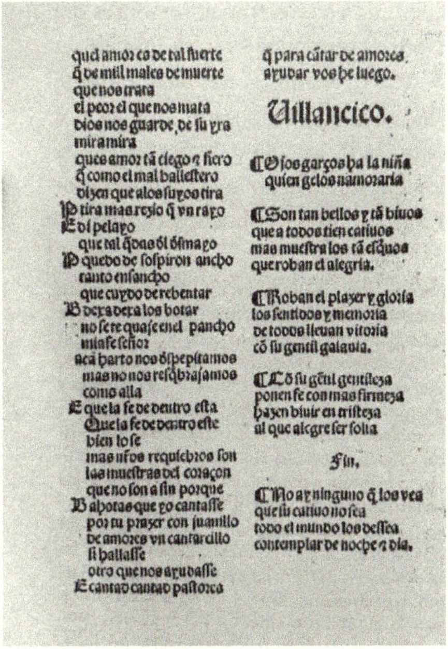

quel amor es de tal fuerte
q̃ de mil males de muerte
que nos trata
el peor el que nos mata
dios nos guarde, de su yra
mira mira
ques amor tã ciego y fiero
q̃ como el mal ballestero
dizen que alos suyos tira
P tira mas rezio q̃ vn rayo
E di pelayo
que tal q̃das dl dsmayo
P quedo de sospiros ancho
tanto ensancho
que cuydo de rebentar
B dexa dexa los botar
no se te quase enel pancho
mia fe señor
acá harto nos ďspepitamos
mas no nos resq̃brajamos
como alla
E que la fe de dentro esta
Que la fe de dentro este
bien lo se
mas nros requiebros son
las muestras del coraçon
que no son a fin porque
B ahotas que yo cantasse
por tu prazer con juanillo
de amores vn cantarcillo
si hallasse
otro que nos ayudasse
E cantad cantad pastores

q̃ para cãtar de amores
ayudar vos he luego.

Villancico.

¶ Ojos garços ha la niña
quien gelos namoraria

¶ Son tan bellos y tã biuos
que a todos tien catiuos
mas muestra los tã esq̃uos
que roban el alegria.

¶ Roban el plazer y gloria
los sentidos y memoria
de todos lleuan vitoria
cõ su gentil galania.

¶ Cõ su gẽtil gentileza
ponen fe con mas firmeza
hazen biuir en tristeza
al que alegre ser solia

Fin.

¶ No ay ninguno q̃ los vea
que su catiuo no sea
todo el mundo los dessea
contemplar de noche y dia.

Figura 31. *Égloga trobada por Juan dl enzina. En la ql representa el amor…*, de Juan del Encina, Sevilla, Cromberger, hacia 1510-1516 [Encina, 1999, sin fol.].

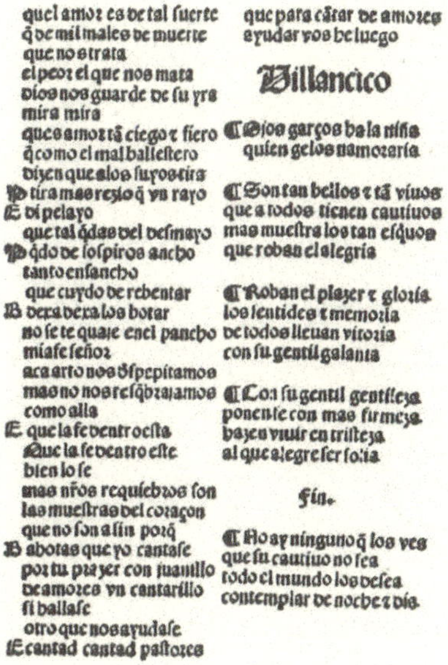

quel amor es de tal fuerte
q̃ de mil males de muerte
que nos trata
el peor el que nos mata
dios nos guarde de su yra
mira mira
ques amor tã ciego y fiero
q̃ como el mal ballestero
dizen que alos suyos tira
P tira mas rezio q̃ vn rayo
E di pelayo
que tal q̃das del desmayo
P q̃do de sospiros ancho
tanto ensancho
que cuydo de rebentar
B dexa dexa los botar
no se te quaje enel pancho
mia fe señor
aca arto nos ďspepitamos
mas no nos resq̃brajamos
como alla
E que la fe dentro esta
Que la fe dentro este
bien lo se
mas nros requiebros son
las muestras del coraçon
que no son a fin porq̃
B abotas que yo cantase
por tu prazer con juanillo
de amores vn cantarillo
si hallase
otro que nos ayudase
E cantad cantad pastores

que para cãtar de amores
ayudar vos he luego

Villancico

¶ Ojos garços ha la niña
quien gelos namoraria

¶ Son tan bellos y tã viuos
que a todos tienen cautiuos
mas muestra los tan esq̃uos
que roban el alegria

¶ Roban el plazer y gloria
los sentidos y memoria
de todos lleuan vitoria
con su gentil galania

¶ Con su gentil gentileza
ponen se con mas firmeza
hazen viuir en tristeza
al que alegre ser solia

Fin.

¶ No ay ninguno q̃ los vea
que su cautiuo no sea
todo el mundo los desea
contemplar de noche y dia.

Figura 32. *Égloga trobada* de Encina, Toledo, Juan de Villaquirán, hacia 1513-1519 [Encina, 1976: 132].

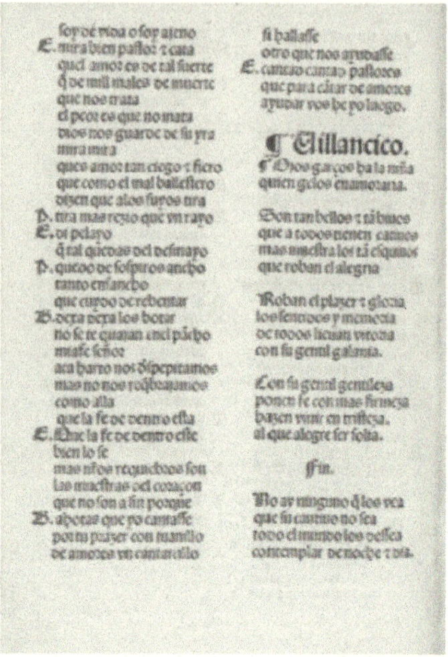

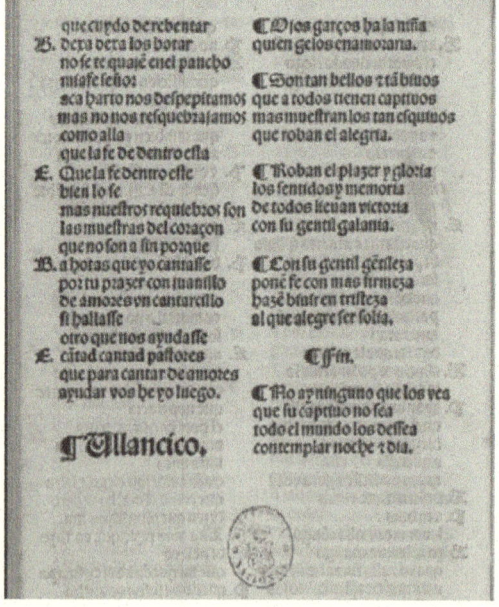

Figura 33. *Égloga trobada por Juan del Enzina, en la qual representa el amor*, Burgos, Fadrique de Basilea o Alonso de Melgar, hacia 1515-1519, Biblioteca Nacional de Francia [Encina, ¿1515-1519?, sin fol.].

que cuydo de rebentar
B. dexa dexa los botar
no se te quaie enel pancho
misa señor
aca harto nos despepitamos
mas no nos resquebrajamos
como alla
que la fe de dentro esta
E. Que la fe dentro este
bien lo se
mas nuestros requiebros son
las muestras del coraçon
que no son a sin porque
B. a hotas que yo cantasse
por tu plazer con muncillo
de amores vn cantarcillo
si hallasse
otro que nos ayudasse
E. citad cantad pastores
que para cantar de amores
ayudar vos he yo luego.

¶ Villancico.

¶ Ojos garços ha la niña
quien gelos enamorara.

¶ Son tan bellos y tan biuos
que a todos tienen captiuos
mas muestran los tan esquiuos
que roban el alegria.

¶ Roban el plazer y gloria
los sentidos y memoria
de todos lieuan victoria
con su gentil galania.

¶ Con su gentil gentileza
ponen fe con mas firmeza
hazen biuir en tristeza
al que alegre ser solia.

¶ Fin.

¶ No ay ninguno que los vea
que su captiuo no sea
todo el mundo los dessea
contemplar noche y dia.

Figura 34. *Égloga trobada por Juan del enzina. En la qual representa el Amor de cómo andava a tirar en una selva*, de Juan del Encina, Burgos, Alonso de Melgar, hacia 1525, Biblioteca Nacional de España [Encina, 1525, 4v].

Puesto que este villancico de las sueltas no resulta adecuado para ser representado como fin de fiesta, algunos estudiosos han propuesto otros villancicos para cerrar la *Representación*. Bartolomé José Gallardo, en su edición de la obra, propone como cierre musical el villancico «Ninguno cierre las puertas», ejecutado en la enciniana *Égloga de Mingo, Gil y Pascuala* [Encina, 1836: 19-20]. Por su parte, Françoise Maurizi señala que «hubiera sido quizá más conveniente, en vista de las *dramatis personae*, un villancico pastoril» [2014: 47] y se detiene en dos villancicos, «Pelayo, ten buen esfuerço» y «¡Ha, Pelayo, qué desmayo!» (a la que ya nos referimos más arriba cuando tratamos de un posible interludio musical), conservados en cancioneros colectivos.

El villancico «Pelayo, ten buen esfuerço» se conserva en el *Cancionero musical de palacio* con música del propio Juan del Encina [Encina, 1996: 1018-1019] y en el *Cancionero de Barcelona*[54]. El texto guarda una estrecha relación con el contenido (y con el protagonista) de la *Representación*, por lo que encaja en ella. Además, la versión del *Cancionero musical* está copiada a tres voces, por lo que se ajusta perfectamente a la pieza teatral [Rey Marcos, 1981: 10]. María Jesús Framiñán propone la distribución de las estrofas entre las distintas voces: «las dos primeras corren a cargo de un pastor, que intenta reanimar a Pelayo desmayado, y la última, a cargo del propio Pelayo, que interviene para renegar de la vida» [2012-2013: 59]. Transcribo, a continuación, el texto completo de la pieza inserta en el *Cancionero musical*

---

[54] Maurizi [2014: 54-55] transcribe en paralelo las dos versiones del villancico, conservadas en ambos cancioneros citados. Michaelis de Vasconcelos [1918: 351-354] analiza las distintas versiones cancioneriles.

para apreciar las semejanzas temáticas con la obra teatral
enciniana:

–Pelayo, ten buen esfuerço,
no tengas huzia perdida,
que tu mal abrá guarida. –
–Pon esfuerço a tu tristura,
no huigas del gasajado,
qu'el esfuerço denodado
quebranta mala ventura.
Por tu remedio procura,
no tengas huzia perdida,
que tu mal abrá guarida.
No descruçies del bivir,
muestra largo sufrimiento;
si te hazes al tormento,
tormento querrás sufrir.
La vida está en el morir.
No tengas huzia perdida,
que tu mal abrá guarida.
– Derreniego d'esperança
que al mejor tiempo se seca,
y de mal que no se trueca
con el tiempo y su mudança.
Toda buena confiança
tengo del todo perdida,
que descruçio de la vida. –
[Romeu i Figueras, 1965: 478].

Dada su perfecta vinculación con el sentido de la *Representación*, quizás haya que pensar en que la razón por la
que el texto de este villancico no se recoge en la versión
cancioneril se debe a que Encina no es el autor de la letra de

la pieza, sino solo de su música y, por ello, su letra no podía ser insertada en su *Cancionero* personal. Recordemos que es algo que también sucedía con el villancico «Tan buen ganadico», musicado por Encina, que pudo haberse empleado al comienzo de la *Égloga en recuesta de unos amores* [Sánchez Hernández, 2023: 178-180].

En cualquier caso, la ausencia de una composición musical en el texto conservado en los cancioneros puede suplirse acudiendo a otras piezas recogidas en otros cancioneros colectivos que permiten reconstruir el cierre musical necesario para que la obra esté completa.

Por otra parte, comentaré un último aspecto que no ha sido señalado por parte de la crítica. La rúbrica *«Fin»* [vv. 440/441], que aparece en todas las ediciones cancioneriles (1507, 1509 y 1516), no se plasma en ninguno de los pliegos sueltos en los que se publicó la pieza. El único *«Fin»* que aparece es el que marca la clausura del villancico, pero, como hemos visto en otras ocasiones, los textos suelen conservar dos *«Fin»*. Sí se mantiene, en cambio, la rúbrica que señala la inclusión de la composición musical *«Villancico»*.

Con la *Representación por Juan del Enzina ante el muy esclarescido y muy illustre príncipe don Juan*, Encina introduce una novedad dramatúrgica: la introducción del dios Amor como personaje teatral. Esta innovación deja traslucir una fuerte influencia de la literatura renacentista en la que abundan los seres mitológicos y este será el camino que emprenda nuestro dramaturgo en otras tres piezas teatrales que analizaremos más adelante, en las que los personajes de la mitología clásica cobran mayor presencia teatral. Asimismo, se muestra el avance de una estructura dramática más nítida, con subdivisión evidente en escenas bien delimitadas.

El destinatario regio de la pieza enciniana inicial sigue siendo, casi veinte años después de su primera representación, el dato más relevante para el impresor de la edición zaragozana del *Cancionero* en 1516, como reza la «Tabla»: «otra representación al nuestro muy esclarescido príncipe don Juan de Castilla, del Amor» [Encina, 1516: fol. IIr].

Sin embargo, el estudio de las variantes presentes en el texto teatral inserto en los cancioneros y el texto que se difundió en pliegos sueltos permite afirmar que nos encontramos ante «dos tradiciones textuales» distintas [Maurizi, 2014: 11]. Habría, pues dos textos distintos, el de la *Representación del Amor*, originalmente destinado al príncipe don Juan y transmitido a través de cancioneros, y el de la *Égloga de Amor*, difundida en sueltas y escenificada ante un público más heterogéneo. En cualquier caso, la tardía publicación de las sueltas permite suponer un gran éxito de la pieza, tanto en su transmisión escénica, como impresa.

Como hemos podido comprobar, el *Cancionero de todas las obras de Juan del enzina con otras cosas nuevamente añadidas*, impreso el 5 de enero de 1507 en la imprenta de Hans Gysser, permite conocer que nuestro dramaturgo, no tan vinculado ya a la Casa de Alba, continúa componiendo y escenificando representaciones teatrales para distintos acontecimientos celebrativos, sacros o profanos. El impreso recogerá por primera vez la *Égloga trobada por Juan del Enzina, representada la noche de Navidad* y la *Representación por Juan del Enzina ante el muy esclarescido y muy illustre príncipe don Juan*, de las que acabamos de ofrecer un análisis que ha sacado a la luz las huellas de los elementos que pudieron intervenir en sus representaciones teatrales.

2. El *Cancionero* de 1509[55]

El 7 de agosto de 1509, una nueva edición del cancionero enciniano sale de la imprenta salmantina de Hans Gysser con el título *Cancionero de todas las obras de Juan del Enzina con las coplas de Zambardo:* τ *con el Auto de repelón en el que se introducen dos pastores, Piernicurto y Johan para* τ *y con otras cosas nuevamente añadidas.* Es la edición más completa del teatro de Encina, pues posee un total de doce obras: las ocho de la príncceps, las dos que se añaden en la edición de 1507, más otras dos nuevas de las que me ocuparé a continuación. Del impreso cancioneril, se conservan cinco ejemplares[56].

Las dos nuevas obras teatrales que se incluyen en este cancionero se explicitan en el propio título del impreso: el *Auto del repelón* y la *Égloga trobada por Juan del enzina, en la qual se introduzen tres pastores.* Esta última, que ha sido designada como *Égloga de Fileno, Zambardo y Cardonio* y como *Égloga de tres pastores* por la crítica moderna, también se conserva en pliegos sueltos con variantes que comentaremos más adelante. Por otro lado, este cancionero es el único testimonio que recoge *Auto del repelón*, pues se ha descarta-

---

[55] Esta edición del *Cancionero* ha sido descrita y estudiada al detalle por Gallardo [1866: 824-845], Norton [1966: 29 y 207; 1978: 206-207], Miguel García-Bermejo Giner [1996a: 50], Humberto López Morales [2000: 108-112], Víctor Infantes [2016: 14 y 44-46] y Alberto del Río [2016]. La Biblioteca Nacional de Madrid y la Österreichische Nationalbibliothek de Viena han digitalizado sus respectivos ejemplares [Encina 1509a y 1509b].

[56] Según Humberto López [2000: 108-112] y Alberto del Río [2016], se conservan cinco ejemplares de la edición; sin embargo, el catálogo de la USTC añade la supuesta existencia de cuatro ejemplares más, uno en la Houghton Library de la Universidad de Harvard y tres ejemplares más en bibliotecas americanas, Texas University Library, Washington DC Library of Congress e Illinois University Library [Pettegree, 2019]. Los mismos ejemplares son indexados en la base de datos *Iberian Books* [Wilkinson, 2010-2018].

do una supuesta suelta que resultó ser una falsificación realizada por Sancho Rayón en el siglo xix [Encina, ¿1870?][57].

El orden de impresión de las piezas teatrales es el mismo que el del *Cancionero* de 1507; es decir, aparecen en primer lugar las ocho églogas de la prínceps, le siguen las dos insertas por primera vez en 1507 –la *Égloga de las grandes lluvias* y la *Representación sobre el poder del Amor*–y, en último lugar, se añaden las dos nuevas. Quizás este orden, además de su sentido cronológico, se deba a que ninguna de las dos obras que se recogen aquí impresas por primera vez son de contenido religioso, pues, en ese caso, seguramente se seguiría el sistema de impresión ya empleado en los otros cancioneros. Y este el orden que seguiremos en nuestro análisis dramatúrgico.

2.1. La *Égloga nuevamente trobada por Juan del Enzina en la qual se introduzen tres pastores*[58]

El texto de la *Égloga trobada por Juan del enzina, en la qual se introduzen tres pastores*, o simplemente *Égloga de tres*

---

[57] Norton, 1966: 29. A pesar de que Norton ya había señalado en 1966 que los ejemplares de las sueltas conservadas del *Auto del repelón* eran falsificaciones, la base de datos del proyecto de investigación *Iberian Books* la sigue dando por auténtica en 2018, al menos el ejemplar de la John Hay Library [Wilkinson, 2010-2018]. También la considera auténtica, asimismo, el proyecto USTC [Pettegree, 2019]. Asimismo, Humberto López Morales [Encina, 1968: 279-298] y Ana María Rambaldo [Encina, 1983: 138-180] editan el texto del *Auto* basándose tanto en el del *Cancionero* como en el de la supuesta suelta de 1509, consignando las variantes.
[58] En este epígrafe se recogen algunas de las consideraciones expuestas en trabajos anteriores [Sánchez Hernández, 2013a y 2013b]. Dado que esta pieza teatral ha sido más atendida por la crítica, reconociendo su teatralidad, y con el ánimo de aligerar la información ya expuesta por otros investigadores, se realizará un análisis de los elementos teatrales más destacados de las obras, remitiendo, por otra parte, a lo ya estudiado por otros críticos.

pastores, se copia desde la mitad de la segunda columna del folio XCVIIv, que es el espacio en blanco que queda tras finalizar el texto de la *Representación sobre el poder del Amor*. De la égloga se imprimieron, al menos, cuatro tiradas distintas de sueltas de las que solo se conservan dos ejemplares, habiendo descartado la falsificación fotográfica realizada por José Sancho Rayón que la hizo pertenecer a la imprenta salmantina de Hans Gysser publicada en 1509 [Encina, ¿1870?].

La suelta más antigua, fechada hacia 1509 por su cercanía con el texto del *Cancionero*, parece ser la conservada en la Biblioteca Nacional de París con el título *Égloga de tres pastores nueva mente trobada por Juan del Enzina*[59]. Contiene un taco xilográfico que representa iconográficamente a los personajes de la obra bajo los rótulos de «*Fileno. Zambardo. Cardonio. Zefira*», además de la figura de un árbol en un entorno natural, seguido del título de la pieza. Nos detendremos más adelante en las implicaciones dramatúrgicas de este grabado con respecto a la lectura teatral de la suelta.

El otro pliego suelto que recoge la pieza es el que custodia la Biblioteca Nacional de Madrid, con el mismo título que la suelta anterior, y que también carece de datos de impresión, pero que ha sido datada como posterior a 1509 [Encina, ¿1525?][60]. El pliego incluye un taco xilográfico en

---

[59] La institución parisina ha digitalizado la suelta y la ha puesto en disposición de los usuarios interesados en su plataforma digital [Encina, ¿1509?].

[60] La suelta carece de datos de imprenta, pero Salvá propone que se publicó hacia 1525, sin añadir más datos de impresión [Salvá, 1872: 433]. Mercedes Fernández la ha situado en Burgos en casa de Alonso de Melgar, como también recoge el *Suplemento al Nuevo diccionario bibliográfico de pliegos sueltos poéticos [siglo XVI]* de Antonio Rodríguez-Moñino [Fernández Valladares, 2005: 579; Askins y Infantes, 2014: 62]. Se ha realizado una reproducción facsimilar de la

primera plana distinto al de la suelta de la Biblioteca Nacional de París. En esta se muestra un grabado que contiene tres figuras de pastores y de una pastora enmarcados por una orla con motivos vegetales, y que analizaremos más adelante. La versión de este pliego está mucho más alejada del texto cancioneril de Encina y presenta variedades fácilmente visibles, sobre todo las dos coplas que se añaden tanto en su inicio como al final [Encina, 1991: 31-33 y 257-285]. Las implicaciones teatrales de estas adiciones se analizarán más adelante.

Por otra parte, existen noticias acerca de la existencia de dos sueltas, hoy perdidas. La primera de ellas, intitulada *Égloga de tres pastores*, pudo ser impresa en Alcalá de Henares [o en Logroño] en 1511 y adquirida por Hernando Colón ese mismo año según la entrada del *Registrum* [Norton, 1978: 485; Encina, 1989: 24; López Morales, 2000: 124]. La otra parece ser una suelta tardía, impresa hacia 1553 en la imprenta de Juan de Ayala en Toledo. Sin embargo, nadie ha visto el ejemplar [Salvá, 1872: 433].

Por su temática, la *Égloga de tres pastores* se ha considerado la primera tragedia profana del teatro castellano [Oleza, 1984: 19]. La temática es similar a otras églogas encinianas en las que se teatraliza el efecto que el amor surte en los pastores, pero la novedad de esta pieza reside en el suicidio por amor que se representa en escena, funesto final propio de la tragedia.

Otra innovación que presenta la égloga es la versificación, pues está compuesta en coplas de arte mayor, a diferencia del resto de su producción dramática. Según su *Arte de poe-*

---

suelta [Encina, 1962: 217-240]. De este pliego existe también una copia manuscrita de la *Égloga* del siglo XIX [Encina, ¿1801-1862?].

sía castellana, esta métrica se reserva para «cosas graves y arduas» [Encina, 1996: 21][61]. Y supone un primer intento de elección del lenguaje dramático según su funcionalidad escénica.

La pieza, fruto de las estancias del dramaturgo en la curia romana, muestra una visible influencia italiana y supone un avance respecto a su teatro anterior. Cuando Encina viaja a Italia, existen versiones italianas de las comedias de Plauto y Terencio en Ferrara, Mantua, Roma, Florencia y otras ciudades. De todas las representaciones, las que más pudieron llamarle la atención a Encina fueron las de temática pastoril, puesto que sus últimas tres églogas presentan este mismo tema [Crawford, 1915b: 30]. Es posible que, en sus viajes, nuestro autor visionara o supiera de representaciones de las obras de Plauto y de Serafino Aquilano y de Capodiferro, realizadas en el palacio papal o en el del cardenal Colonna, o de espectáculos celebrados con motivo del carnaval de 1499 y de los matrimonios de Lucrezia Borgia en 1493 y en 1502 [Encina, 1991: 66-67].

En este contexto, Encina pudo conocer la tradición de representar églogas pastoriles en ocasiones festivas en las grandes cortes. Se halla documentada, por ejemplo, la celebración que tuvo lugar con motivo de la elección de Alejandro VI como nuevo papa, en la que se representó una égloga y probablemente se recitaron otras de amores del italiano Antonio Tebaldeo, que ejercerá gran influencia en la *Égloga de Fileno, Zambardo y Cardonio* [Crawford, 1915b: 30]. Su influjo italiano queda demostrado en los trabajos de Crawford [1916 y 1934], en los que el estudioso extrae múltiples

---

[61] Rosalie Gimeno ha estudiado la diversidad de rimas de la pieza [Encina, 1977: 48-51].

coincidencias de la égloga italiana con *Tirsi e Damone*, de Antonio Tebaldeo[62]. Sin embargo, Encina no se limita a traducir la égloga, sino que amplía o inserta recursos dramáticos para dotar a su obra de una mayor teatralidad, como ha estudiado Miguel Ángel Pérez Priego [Encina, 1991: 72-75]. La pieza, pues, un avance con respecto al original italiano y en relación a sus propias églogas previas, en las que se mostraba una influencia indirecta de las fuentes clásicas.

Desconocemos el contexto de representación de la pieza, pues el texto teatral no contiene información relativa al lugar de representación, al motivo, ni a la fecha. Tampoco se nos informa sobre el público al que iba destinada. Por su temática de amores, podríamos aventurarnos a pensar en una celebración nupcial, como las tres anteriores églogas de Encina: la *Égloga en recuesta de unos amores*, la *representada por las mesmas personas* y la *Representación sobre el poder del Amor*. Sin embargo, el final trágico de la obra no se ajusta a ese contexto festivo.

A pesar de que la crítica ha destacado la teatralidad de la pieza, Teresa Ferrer afirma que nada en ella «explícita ni implícitamente nos permite hacer hipótesis sobre su puesta en escena o sobre la influencia de la puesta en escena de la pastoral italiana» [2004: 513]. Sin embargo, si bien es cierto que las direcciones explícitas de la obra son escasas, las didascalias implícitas que contiene contribuyen a reconstruir las huellas de los elementos escénicos y escenográficos que pudieron intervenir en la representación teatral.

---

[62] También se detendrá en las similitudes y diferencias Miguel Ángel Pérez Priego [Encina, 1991: 72-75]. Álvaro Alonso [2001] ha señalado las influencias temáticas de varias églogas italianas en Encina y otros autores del Renacimiento. Evito, por ello, repetir planteamientos y conclusiones que ya han sido alcanzadas por estos críticos.

La pieza contiene un mayor número de didascalias explícitas en comparación con las existentes en el teatro anterior enciniano. Son doce en total. Existen, en primer lugar, unas rúbricas de herencia cancioneril, que no son tan relevantes teatralmente: *«Prosigue.»*, que se repite en cinco ocasiones [vv. 8/9, 24/25, 32/33, 128/129; 144/145 y 208/209], y *«Exclamación»* [vv. 72/73]. Finalmente, se recoge la rúbrica final *«Deo gracias»* [p. 177], que indica el cierre del texto teatral.

La rúbrica *«FILENO contra el dios de amor»* [vv. 160/161] es igualmente de factura cancioneril, pero también está señalando modos de actuación en escena. En el parlamento de Fileno, hay dos versos previos a la inserción de esta rúbrica que están dirigidos a Zambardo, que se ha quedado dormido y, en ese momento señalado por la acotación, el enamorado pastor decide no proseguir el relato de su pena amorosa. A partir de la rúbrica, Fileno dirige sus imprecaciones al dios Amor, que en esta ocasión no es un personaje teatral, como sí sucedía en la *Representación*, sino que su mención es propia de la poesía de amor cortés. La rúbrica *«Responde ZAMBARDO»* [vv. 16/17] marca el primer parlamento del pastor en escena. Otras dos rúbricas recogen indicaciones escénicas explícitas que señalan la entrada y la salida de escena de un personaje. Son *«Ido CARDONIO, dize FILENO:»* [vv. 504/505] y *«Muerto FILENO, torna CARDONIO y dize:»* [vv. 600/601]. Ambas contienen un segundo tipo de información didascálica de carácter enunciativo, pues señalan que el personaje en cuestión va a pronunciar un monólogo.

Hay que señalar, sin embargo, que el texto de la suelta de la Biblioteca Nacional elide tres rúbricas que sí aparecen en la edición cancioneril y en la suelta de la biblioteca parisina. Esta omisión carece de consecuencias teatrales, pero la solu-

ción ofrece un texto que omite las rúbricas esencialmente
líricas. En relación con estas variantes de los textos del cancionero y de las sueltas, ningún estudioso ha señalado de
forma explícita esta omisión de las rúbricas en el texto de la
suelta de la Biblioteca Nacional; solo han resaltado la inserción de estrofas iniciales y finales que se dan en este pliego[63].

   ¿Qué consecuencias se derivan de estas omisiones en la
suelta de la Biblioteca Nacional? La elisión de la primera de
ellas, «*Prosigue.*», está justificada por cuanto es una indicación de tipo cancioneril inserta entre estrofas del parlamento
pronunciado por el mismo personaje, Fileno, en su monólogo inicial [Encina, 1509a: fol. XCVIIv y Encina, ¿1509?, fol. Iv].
Lo mismo sucede con la elisión de «*Prosigue.*» en el parlamento de Zambardo [Encina, 1509a: fol. XCVIIIr y Encina,
¿1509?, fol. IIr] y con la tercera omisión de la rúbrica, «*Prosigue.*», que aparecía en el parlamento de Fileno [Encina,
1509a: fol. XCVIIIv y Encina, ¿1509?, fol. IIIv]. Estas supresio-
nes no poseen consecuencias teatrales, sino que, al ser elementos propiamente cancioneriles, son irrelevantes teatralmente hablando y, quizá por eso, o por ahorrar espacio, se
prescindió de las rúbricas en la suelta.

   En cualquier caso, la variante cancioneril publicada en
1509 atestigua un aumento en el número de didascalias explícitas en comparación con las que se contenían en el teatro
enciniano anterior, y serán aún más frecuentes en su última

---

[63] Es de notar que la edición de Pérez Priego [Encina, 1991] afirma seguir como
base el texto del *Cancionero* de 1509 [1991: 257]. Sin embargo, no reproduce
algunas de sus rúbricas [omisión que no es muy relevante teatralmente] que son
precisamente las que están ausentes en la suelta custodiada por la Biblioteca
Nacional de Madrid [Encina, 1962]. Sí consigna las variantes Rosalie Gimeno en
su edición de la pieza [Encina, 1977].

composición, la *Égloga de Plácida y Vitoriano*. Además, estas didascalias explícitas no solo se conservan por influencia de la poesía cancioneril, sino que contienen información teatral sobre el sentido del diálogo.

Comenzamos nuestro análisis teatral examinando los espacios dramáticos, representados y aludidos, de la *Égloga*. A pesar de que en la rúbrica inicial no se contiene información teatral al respecto, el diálogo de los personajes permite reconstruir el espacio ficticio en el que transcurre la acción teatral. Se menciona un espacio conformado por un «bosque» [v. 611], en el que hay «yerva» [v. 612] y «estas montañas» [v. 201][64]. También se menciona «la hermita sobre esta montaña» [v. 682]. El lugar es, finalmente, referido como «aquesta frescura» [v. 67]. Las menciones al «ganado» [v. 570, vv. 61-64, 130-136, 193-198 y 435-436] contribuyen a construir verbalmente este espacio natural.

El taco xilográfico inserto en la suelta parisina muestra a la derecha un espacio natural representado mediante un árbol, de manera que funciona metonímicamente como apoyo visual para el lector que se acerca a la edición en pliego suelto (figura 35). Se trata, por tanto, de un espacio rural que los rústicos suelen frecuentar para realizar sus labores de pastoreo, como el que aparece en otras piezas encinianas.

---

[64] Por otro lado, si tenemos en cuenta el añadido que aparece en los pliegos sueltos de *Fileno, Zambardo y Cardonio*, aparece «aqueste prado» y «esta yerva» [Encina, 1962: 217-218] que refuerzan este lugar natural como espacio dramático en el que se desarrolla la acción.

Figura 35. Primera plana de la *Égloga de tres pastores*, hacia 1509, Biblioteca
Nacional de Francia [Encina, ¿1509?, fol. Ir].

Procedemos ahora a examinar la vestimenta de los personajes que intervienen en la pieza. Fileno, Zambardo y Cardonio son *«tres pastores»*, según se señala en la rúbrica inicial
[p. 153] y, aunque no se menciona el atuendo pastoril completo, debemos suponer que se trata del disfraz tópico del
pastor teatral. Sí se mencionan explícitamente algunos complementos de la vestimenta y elementos de atrezo que po-
seerán funcionalidad teatral. En el caso de Fileno, protagonista de la *Égloga*, su atuendo se completa con el «cayado»
[v. 568] y «aqueste çurrón» [v. 561 y 567], del que extrae el
«pedernal terrena, yesca, eslavón», el «caramillo», «la cuchar» y
los «çaticos de pan» [vv. 494-566]. También toma del zurrón
su «cuchillo» [v. 494, 524, 581] con el que el pastor se quitará
finalmente la vida.

Por otro lado, Fileno debe llevar «vestiduras no nada compuesto» [v. 29], mientras que antes solía «andar muy polido» [v. 30]. Así, su vestimenta está en consonancia con su mal de amores, ya que, si su corazón está «afligido, / en hábito y cara se muestra muy presto» [vv. 31-32]. Se insiste continuamente en esta apariencia de Fileno: «mudado al revés de aquel que solías» [v. 222], «aquesta mudança que en mí as conocido» [v. 225], aspecto que también señala Beysterveldt [1972: 209].

Los gestos y la compostura de Fileno también lo caracterizan como un enfermo de amor cortés. Zambardo afirma que

Mas claras señales conozco en tu gesto
que de tus males me hazen seguro:
flaco, amarillo, cuidoso y escuro;
a lloros, sospiros, conforme dispuesto [vv. 25-28].

Los rasgos del enfermo de amor descritos en el texto están en consonancia con los modos de enunciación, «a lloros, sospiros», así como en los gestos implícitos que realizaría el representante, como llevarse la mano al pecho. Ahora bien, no conviene olvidar el tono paródico que Encina concede a los efectos físicos que muestra el rústico enamorado [Ferrer, 1990: 54]. Se resalta, además, la juventud [v. 541] de Fileno, que está «en joven edad» [v. 526].

Para la reconstrucción icónica de la vestimenta, también debemos tener en consideración las xilografías insertas en la suelta conservada en París, a la que nos acabamos de referir (figura 35) y la contenida en el pliego de la Biblioteca Nacional de Madrid (figura 36). Consideramos que la primera de ellas no refleja adecuadamente la iconografía del pastor teatral, pues se muestra más bien a personajes de extracción urbana, que se corresponderían más con el Escudero que aparece en otras églogas y con los protagonistas de la última pieza enciniana, Plácida y Vitoriano. Nos convence más la caracterización pastoril que refleja el taco de la Biblioteca Nacional (figura 36), ya que, si bien las figuras carecen de nombres asignados, los tres personajes masculinos portan prendas típicamente rústicas, como las que vestirían Fileno, Zambardo y Cardonio[65].

Figura 36. Primera plana de la *Égloga trobada por Juan del Enzina, en la cual se introduzen tres pastores*, posterior a 1509, Biblioteca Nacional de Madrid, Encina, ¿1525? [Encina, 1962: 217].

Por otra parte, ambos tacos plasman iconográficamente a Zéfira, a pesar de que no es un personaje de la égloga. Su

---

[65] La figura que representa a Zéfira y la que se muestra a su derecha son reutilizadas en el taco xilográfico de la suelta de la *Égloga de Cristino y Febea*, como veremos más adelante.

inserción en ambas xilografías puede deberse a una decisión editorial relacionada con la lectura de la pieza. Mediante la visualización de la mujer, los lectores pueden observar el origen del mal de Fileno.

Una vez que hemos comentado el atuendo de los tres pastores, pasemos a analizar los recursos dramatúrgicos que confieren teatralidad a la pieza. Esta se abre con un breve parlamento de Fileno en el que expone su situación amorosa y solicita a Zambardo que le proporcione un remedio a su mal [vv. 1-16]. Su compañero le ofrece su ayuda, pues reconoce visualmente su enfermedad de amor [vv. 17-48]. A continuación, Fileno le comunica que va a confesarle su pena amorosa:

> Aunque en la ley que ha dado Cupido
> se escriva y predique por primo precepto
> que nadie descubra jamás su secreto,
> a ti no se deve tener ascondido;
> assí porque eres en todo sabido
> como por ser amigo tan cierto,
> y más porque espero tu sabio concierto
> concierte el reposo que en mí está perdido.
>   Pues oye, si quieres ser certificado. [vv. 49-57].

Sin embargo, la escena adquiere tintes paródicos, pues Zambardo, lejos de sentir empatía por su compañero y guardar silencio, lo interrumpe:

> Espera, Fileno, que, juro a la fe,
> del mucho camino que he hecho oy a pie
> apenas me sufren los pies de cansado,
> que un lobo hambriento entró en mi ganado
> aquesta mañana y tal daño hizo
> que el tusadillo, el bragado, el mestizo,

el cornibovillo amontó, y el bezado.
Quedé sin aliento del mucho seguillos
y aún no me es tornada entera holgura,
por do, si te plaze, en aquesta frescura
nos assentaremos sendos poquillos. [vv. 58-70].

La intervención de Zambardo resulta claramente cómica. Es cierto que la confesión amorosa de Fileno bien merece ser relatada sentados, pero la explicación del otro pastor es demasiado extensa y contrasta con la situación. El público queda, pues, a la expectativa de conocer el origen de la «tristura» de Fileno.

Los citados versos y los siguientes permiten reconstruir el espacio lúdico de los personajes pues pasan de estar de pie a situarse en el suelo: «Agora que estamos, Fileno, assentados, / quando quisieres comiença a dezillos» [vv. 71-72].

En los siguientes versos [vv. 73-106], Fileno inicia la declaración de su pena amorosa en unos términos muy acordes a la poesía cancioneril de la época, y muy alejados, por tanto, de las confesiones amorosas que hemos analizado en el teatro anterior de Encina. Proporciono la primera estrofa de su lamento amoroso:

¡O montes, o valles, o sierras, o llanos,
o bosques, o prados, o fuentes, o ríos,
o yervas, o flores, o frescos rocíos,
o casas, o cuevas, o ninfas, o faunos,
o fieras raviosas, o cuerpos humanos,
o moradores del cielo superno,
o ánimas tristes que estáis nel infierno,
oid mis dolores si son soberanos!
Estad aora atentos si en vosotros mora
alguna piedad del mísero amante. [vv. 73-82].

Se trata, pues, de una influencia de la literatura clásica a la que nuestro dramaturgo ya había acudido en su *Translación de las Bucólicas de Virgilio*, inserta en la edición prínceps de su *Cancionero*. Pero lo que se asemeja a un tratamiento serio de la teoría del amor cortés, se torna en cómico cuando Zambardo se desespera porque Fileno se entretiene invocando a todos los elementos de la naturaleza y no expone directamente su pesar –«Comiença, Fileno, prosigue adelante, / que por invocar tu mal no mejora», vv. 83-84– y sobre todo cuando se queda dormido reiteradamente mientras su compañero le confiesa su pasión amorosa[66]: «¡O, Dios te duela! ¡Zambardo, Zambardo, / despierta, despierta y ave manzilla!» [vv. 107-108]. Suponemos que el triste amador zarandea al otro pastor con desesperación, acción que solo logra desprender unas somnolientas y cómicas palabras de Zambardo:

A fe que soñava que allá en Compasquilla
con otros pastores jugava al cayado
y, mientras que estava assí trasportado,
pasé por las mientes esta tu hablilla [vv. 109-112].

Las coplas añadidas al inicio de la suelta de la Biblioteca Nacional de Madrid insisten en la caracterización de Zambardo como personaje cómico y dormilón, al tiempo que construyen la escena inicial que enmarca con verosimilitud el desarrollo de la acción dramática posterior:

Descansar yo quiero en aqueste prado
que, miafé, vengo de cansancio lleno.
Quiçá que verná en tanto Fileno

---

[66] El sueño es uno de los recursos teatrales destinados a crear un efecto cómico [Hendrix, 1924: 73-78].

que suel por aquí repastar su ganado,
que ha mucho tiempo que no le habrado
y es me, por cierto, muy leal amigo.
Muestra que toma gran prazer comigo.
Avremos gasajo, más que dobrado.
　　Y mientas no viene, yo quiero dormir
y dar esta yerva a este borrego
que cierto me hallo de cansancio lleno.
¡Ea! Pues vía, ¡sus! ¡ea! a estendir.
Tú, sueño, no tardes, comiença a venir
porque si viniere Fileno me halle
chapado ligero, que pueda luchalle,
que siempre me suele a mí escom[p]etir.

　　　　　　　　　　　　[Encina, 1962: 217-218.]

　　Hace tiempo que Zambardo no ve a Fileno y, por esa razón, desconoce el sufrimiento de su amigo. La escena anterior en la que Zambardo se duerme mientras Fileno le confiesa su cuita amorosa se entiende mejor por esta escena añadida al principio.

　　Tras la cabezada de su compañero, el enfermo de amor protesta, pero Zambardo le advierte de que el sueño no se controla con facilidad, lo que alarga la escena cómica:

FILENO	¡O, pese mal grado! ¡Y estoyte contando de aquella hambrienta que mis años traga, ¿y duérmeste tú?
ZAMBARDO	¿Qué quieres que haga?
FILENO	Que me oyas.
ZAMBARDO	El sueño no está a nuestro mando; Los ojos me está tan huerte cerrando que de la luz del todo me priva.
FILENO	¡O, bobo! ¿Y no sabes con la saliva fregallos e irás la vista cobrando? [vv. 113-120].

El consejo de Fileno solo provocaría más risa entre el público ante tan rústica solución. ¿Se limpiaría los ojos Zambardo son su saliva? Parece que sí, pues según afirma, su recomendación ha surtido efecto: «Prosigue, prosigue, que ya estoy despierto» [v. 121]. Lejos de concluir este pasaje risible, la situación se alarga. El recurso del verso partido es empleado como mecanismo humorístico y muestra una voluntad de uso eficaz del lenguaje dramático:

FILENO	¡Zambardo!
ZAMBARDO	¿Qué quieres?
FILENO	Que me oyas.
ZAMBARDO	Bien te oyo.
FILENO	¿Qué digo?
ZAMBARDO	Que vino tan fuerte ventisco que cabras, ovejas, burra y aprisco llevó hasta dar con ello en un hoyo.
FILENO	No hablo en ganado, ni casa o percoyo, mas solo te cuento mis ásperos daños.
ZAMBARDO	Podrán sin contarse entrambos rebaños pacer todo el día ribera el arroyo.
FILENO	¡O, sorda Fortuna, o, ciego Cupido, adúltera Venus, Vulcano cornudo! ¿Por qué contra un pobre, estando desnudo, armáis vuestras furias, si no os ha offendido?

[vv. 129-140].

Fileno, desesperado, necesita que Zambardo lo escuche para mitigar su dolor. Está tan desesperado que le ofrece todas las posesiones que lleva consigo: «toma de mí, si quiés, quanto trayo» [v. 152]. Su ofrenda no es suficiente para despertar a Zambardo, que le ruega que le permita dormir antes de poder atender a su petición:

Fileno, no cale que más me perjures,
que hablando contigo tal sueño m'acude,
que si en tus males querrás que te ayude,
es necessario que al quanto m'endures.
Por mucho que digas, por más que procures,
no me ternás despierto un momento. [vv. 153-158].

Entonces, Fileno se da por vencido. Dedica unos versos *«contra el dios de amor»*, según la didascalia explícita [vv. 160/161] y marcha en busca del pastor Cardonio. Antes le desea el mal a Zambardo, que es, por otra parte, una advertencia de lo que sucederá a Fileno al final de la obra: «Durmiendo recibas tan grande tormento / que quando despiertes una hora no dures» [vv. 156-160]. Fileno llama, entonces, a Cardonio:

FILENO	[…] yo me delibro o darme al demonio
	o andar noche y día llamando a Cardonio,
	que sé que es amigo conforme a mi mal.
	¡Cardonio, Cardonio! ¿Dó estás que no sientes?
	Aquí es tu majada si mi desventura
	no te ha emboscado en qualque espessura
	porque mi voz no llegue a tus mientes.
	¡Cardonio, Cardonio! ¿Por qué me consientes
	gridar, si me oyes, sintiendo que peno?
	¡Cardonio!
CARDONIO	¿Quién llama?
FILENO	El triste Fileno.
CARDONIO	¿Qué quieres?
FILENO	Que oyas mis inconvenientes.
	[vv. 182-193].

La escena permite recrear el espacio lúdico de los personajes. Parece que, desde sus respectivas posiciones, ninguno de ellos puede hacer contacto visual con el otro. El pasaje muestra igualmente tintes cómicos, ya que Fileno invoca al rústico en varias ocasiones, hasta que al tercer intento Cardonio responde a sus llamadas.

La conversación siguiente entre ambos rústicos no abandona el humor, pues Cardonio malinterpreta esos «inconvenientes» [v. 193] de los que le quiere hablar Fileno, lo que provoca cierta sonrisa compasiva en el público, como se aprecia en el siguiente pasaje:

CARDONIO   Ca deves, Fileno, aver esmarrido
            cabrito o cordero o res madrigada;
            si desto me pides, yo no he visto nada.
FILENO   Aosadas, Cardonio, bien me has entendido...
            En cosas mayores ocupé el sentido,
            que no mudaría un pie por el manso.
CARDONIO   Pues, ¿qué es lo que buscas?
FILENO   Busco el descanso,
            que empós de Zefira ando perdido.
CARDONIO   Tampoco la he visto por estas montañas,
            ni de Zefira sabré nueva darte.
FILENO   Paresce que burlas, Cardonio, pues guarte
            de verte en el fuego do están mis entrañas.
                                        [vv. 193-204].

A partir de ese momento, Fileno y Cardonio se reúnen («vesme, aquí vengo», «bien seas venido», vv. 232-233), pues parece que, hasta ese momento, ambos estaban físicamente alejados. Mientras Zambardo sigue dormido en algún punto del escenario («aquel babión», «¿Y quién es?» vv. 234 y 238), los otros dos mantienen una larga conversación sobre el sentimiento amoroso que ambos profesan. Cada cual aporta doctrinas filosóficas y médicas divergentes con respecto a la enfermedad de amor y verbaliza el debate sobre la maldad de las mujeres de la tradición [vv. 205-424][67]. Tras su discusión, Cardonio no consigue cambiar la opinión de Fileno y este le ruega quedarse en soledad: «Déxame solo buscar mi consuelo. / Vete, Cardonio, por Dios te lo ruego» [vv. 425-426] y vuelve a insinuar el fin que le espera, esta vez de manera más directa («si en la vida faltare sosiego, / buscarl'é en la muerte sin otro recelo», vv. 427-429) hasta que lo explicita en los siguientes versos:

> Sí, solo aquesto, y tenlo por fe.
> Que sola una cosa tan congoxado
> me tiene y me pone el cuchillo en la mano:
> en averme Zefira por otro trocado
> y aver tanto tiempo servídola en vano.
> Que puedes, Cardonio, de cierto creer
> que aunque Zefira jamás me mirara,
> si claro no viera mudar el querer,
> sobre otra persona, jamás me quexara.
> Mas vete, Cardonio, como has prometido,
> que yo te prometo que yo haga de suerte
> que este trocarme no quede en olvido,
> si bien por memoria quedasse mi muerte. [vv. 492-504].

A continuación, una didascalia explícita anuncia que el otro pastor abandona la escena, «*Ido Cardonio, dize Fileno:*» [vv. 504/505], y el enfermo de amor queda solo. A partir de este momento, se desarrollará la escena del suicidio de Fileno [vv. 505-600], que es el punto culminante de la pieza. Se trata de un pasaje de intensa dramaticidad por el trágico final, que se ve ampliado con la dulce despedida

---

[67] A ello ha prestado atención Julio Vélez [2015].

de todas sus posesiones pastoriles. Antes aludíamos a que los complementos de la figura de Fileno, además de caracterizarlo físicamente como rústico, poseen funcionalidad escénica en este pasaje. Su presencia física es ahora esencial:

> ¿Qué es lo que queda en aqueste çurrón?
> No me ha de quedar salvo el cuchillo,
> pedernal terrena, yesca, eslavón,
> que vos en dos partes iréis, caramillo.
> ¿Queda otra cosa, si bien la cuchar?
> Çaticos de pan ten tú, Venturado,
> pues el çurrón no me ha de quedar,
> ni vos en mal ora tanpoco, cayado. [vv. 561-568].

El desenlace del pastor lo explicita la siguiente acotación escénica: «*Muerto FILENO, torna CARDONIO y dize*» [vv. 600/601]. El monólogo del recién llegado muestra la preocupación por su compañero y, por eso, ha decidido regresar a consolarlo. Se va acercando poco a poco a él, movimiento que podemos reconstruir a través de las didascalias implícitas [«Veslo do yaze en la yerva tendido», «Mejor es salir de tanto dudar / y ver bien si duerme o qu'es lo que haze», vv. 612 y 617-618], hasta que por fin se localiza en un punto lo suficientemente cercano como para poder apreciar el desenlace de su compañero:

> ¡y es sangre aquella que en su pecho yaze!
> Sin duda él es muerto de algún animal
> del modo que yo siempre, triste, he temido.
> ¡O, Venere sancta! ¡Y aquel es puñal
> que tiene en el lado siniestro metido! [vv. 620-624].

Tras realizar una suerte de planto [vv. 625-644], Cardonio decide llamar a Zambardo para «los dos enterrar / a este que quiso ser mártir de amor» [vv. 659-660]. La escena que se produce a continuación, lejos de ser una seria despedida de Fileno, contiene abundantes elementos cómicos protagonizados por Zambardo. Este se ofrece a componer unos versos a modo de epitafio («porné ciertos versos hechos con saña») para la sepultura de Fileno [vv. 681-687]. Sin embargo, su recitación se entrecorta repetidamente porque al pastor se le olvidan los versos o porque siente desmayarse:

ZAMBARDO	Escucha, Cardonio, que veslos aquí.
	Si no te pluguieren podrás emendar.
	Olvidado se me han, ¡o, cuerpo de mí!
CARDONIO	Torna, torna, Zambardo, torna a pensar.
ZAMBARDO	«¡O, tú que passas por la sepultura
	del mísero amante...» ¡Ya soy de fuera!
CARDONIO	El coraçón, Zambardo, assegura. [vv. 689-695].

Finalmente, el pastor consigue componer el epitafio con el que se cierra el texto teatral del *Cancionero* de 1509, y también el que ofrece el pliego de la Bibliothèque Nationale:

«¡O, tú que passas por la sepultura
del triste Fileno!, espera si quieres
y leyendo verás quien sirve a mugeres
quál es el fin que a su vida procura.
Verás cómo, en premio de fiel servidor
Amor y Zefira, por mi mala suerte,
me dieron trabajos, desdeños, dolor,
lloros, sospiros y, al fin, cruda muerte.» [vv. 696-704].

Y aquí concluye la pieza, con la rúbrica *«Deo gracias»* [p. 176]. Sin embargo, la suelta custodiada en la Biblioteca

Nacional de Madrid inserta, tras los versos anteriores, estas dos estrofas:

CARDONIO   Coxgamos sus ropas / Zambardo porque
            conellas hagamos / sus honrras y canto.
ZAMBARDO   No rueguen por él / Cardonio, que es sancto
            y assí lo devemos / nos de tener
            pues vamos llamar / los dos sin carcoma
            al muy sancto crego / que lo canonize
            aquel que en vulgar / romance se dize
            allá entre grosseros / el papa de Roma.
CARDONIO   Pues vamos llamar / a Gil y a Llorente
            Y a Bras, que nos vengan / aquí ayudar,
            que veo que vienen / y sé bien que es gente
            que saben las silvas / muy bien canticar.
            ¡Anda! Que parece / venís de vagar.
GIL   ¿Qué's lo que queréys / nobres pastores?
ZAMBARDO   Queremos rogaros / queráys entonar
            un triste réquiem / que diga de amores.

                                    [Encina, 1962: 240].

La segunda estrofa anuncia un cierre musicado, que seguramente es ajeno a Encina. En él, se introducen importantes referencias a la interpretación de una composición musical que, como en otras églogas de Encina, es un canto polifónico para el que se requiere la presencia de otros pastores. Esta variante sigue la línea de otros cierres musicados y su tono encaja con el final trágico de la pieza, pues los rústicos desean entonar «un triste réquiem que diga de amores»[68].

---

[68] Beysterveldt señala que este final se ajusta mejor a la lógica interna de la obra [1972: 251]. López Morales cree que los versos son apócrifos [Encina, 1968] y Gimeno apunta a la ruptura de la rima con respecto al resto de la obra: «estas dos estrofas no siguen ninguno de los tres patrones de rimas empleados en esta

Desconocemos, no obstante, cuál fue esa composición musical programada, pues el texto concluye con este último verso referido. Sin embargo, su funcionalidad escénica es más que evidente, de la misma manera que es evidente la funcionalidad dramática de la escena añadida al comienzo. Podrían considerarse añadidos para la representación de la pieza, de forma que la suelta daría testimonio de una realización escénica concreta.

El análisis teatral ha arrojado la posibilidad de extraer del texto dramático recursos teatrales, como la comicidad pastoril y el suicidio de Fileno, que aportan teatralidad a la pieza y que contribuyen a reconstruir los elementos que pudieron emplearse en una posible escenificación de la obra. También los añadidos de las sueltas parecen orientados a dejar testimonio de los elementos que pudieron formar parte de una representación. La *Égloga trobada por Juan del enzina, en la qual se introduzen tres pastores* supone la valía de ser la primera tragedia compuesta en castellano. Es una de sus obras de mayor influencia italiana y presenta, además, la innovación de estar compuesta en arte mayor, con esa voluntad, ya señalada, de organizar el verso empleado en la escena en relación con su funcionalidad dramática.

Égloga» [Encina, 1977: 295]. Por su parte, Rambaldo indica que «estos versos formaron parte del original, pues coinciden con la idea que Cardonio nos presenta en el v. 660 [...]. Además, el hecho de que se llame a los pastores, Gil, Llorente y Bras para que entonen un Réquiem (¿cinco voces?) está dentro de la tradición enciniana de terminar las obras con una canción. En este caso, todo nos inclina a pensar que a continuación de la última estrofa seguiría alguna "hipérbole sagrada" del tipo del "Requiem eternam" de *Plácida y Vitoriano»* [Encina, 1983: 183].

2.2. El *Auto del repelón*[69]

El *Cancionero de todas las obras de Juan del Enzina* de 1509 se cierra con el *Auto del repelón*. La obra se considera marginal en la producción de Encina debido a su temática y al tipo de lengua empleados[70]. Se inserta dentro de la tradición de los «juegos de escarnio» estudiantiles y universitarios medievales, muy populares también en la Salamanca de la época y que se solían representar en el ciclo de celebraciones de invierno, como las festejadas en honor a San Nicolás, los Inocentes, la fiesta de los Locos o el propio carnaval[71]. Se ha denominado también por ello «farsa estudiantil» [Encina, 1940: 18].

Además de las fiestas de calendario señaladas, la pieza pudo tener encaje en otro tipo de celebración muy salmantina, y muy universitaria, que no sería nada extraño dado el contexto profesional de la familia Fermoselle o Encina; es decir, podría tratarse de alguna fiesta de obtención del grado de doctor, que generaba en la Universidad importantes celebraciones (costeadas por el doctor)[72].

---

[69] Este epígrafe recoge algunas de las consideraciones expuestas en Sánchez Hernández, 2016]. Tatiana Jordá ha examinado las posibilidades teatrales de esta égloga [2016: 211-220].

[70] Como señala Pérez Priego [Encina, 1991: 63-64]. También López Morales coincide en que es una «pieza *sui generis* dentro de la producción dramática» del autor [Encina, 1968: 224-228]. Tal hecho llevó a Myers a concluir que Encina no es el autor de esta obra [1964: 200-201]. Ana María Rambaldo ofrece explicaciones que contradicen las conclusiones de Myers [Encina, 1983: 100-101].

[71] Menéndez y Pelayo, 1916: 286; Cirot, 1941: 20; Maurizi, 1987: 95-101; 1994: 105-115; Encina, 1991: 63. Las fiestas de invierno, el carnaval y el obispillo han sido abordadas por Crawford [1921] y Caro Baroja [1979]. Para el contexto salmantino del Obispillo véase Framiñán de Miguel [2006: 123-25].

[72] Sobre estas fiestas de grados y la realización de *gallos* y vejámenes universitarios han tratado Francisco Layna Ranz [1996] y García-Bermejo Giner [1996b].

En este ambiente carnavalesco, las manifestaciones literarias que se crean a su abrigo se relacionan con las prácticas farsescas y entremesiles de Europa[73]. Farsa y entremés comparten genes. Se trata de pequeñas piezas breves, con una base cómica, trivial y burlesca que busca la carcajada del público [Petit Julleville, 1886; Huerta Calvo, 1987: 228]. El *Auto* presenta estos rasgos entremesiles, pues consta tan solo de 441 versos y el motor de la acción es el repelón y las burlas que sufren los pastores por parte de unos estudiantes, por lo que el golpe y la violencia rústica tiene como fin originar la risa en el auditorio que presencia la representación de la obra teatral.

El texto de la pieza carece de información que nos permita arrojar hipótesis sobre su fecha de composición y de escenificación. Ronald Williams señala que el *Auto* probablemente se representó entre 1507 y 1509, ya que la pieza no aparece en el cancionero de 1507 y sí se recoge en el de 1509 [1935: 21][74]. No obstante lo afirmado por el investigador, debemos tener en cuenta que, en otras ocasiones, se publican nuevas ediciones cancioneriles que deberían reco-

---

[73] El *Auto* ha sido denominado como «rudísimo esbozo del entremés castellano» [Menéndez y Pelayo, 1916: 227], como «entremés en profecía» [Asensio, 1971: 35], «célula entremesil» [Encina, 1968: 31] o «presagio del futuro entremés» [Pérez Priego, 2005: 18]. También lo relacionan con las farsas y prácticas entremesiles Lobato [1987], Vian Herrero [1990], Maurizi [1994] y Alberto del Río [Encina, 2001: LVI]. Asensio [1971] y Huerta Calvo [1987: 230-250; 1999: 32-33] estudian las analogías entre el entremés primitivo y la farsa europea. La presencia de teatro cómico en la Francia de fines del XV y XVI es documentada por Petit Julleville [1886], quien enumera y relaciona fiestas carnavalescas y universidades francas. San José Lera [2015a] ofrece un acercamiento más reciente del tema.

[74] Ana María Rambaldo afirma que la obra fue creada antes de que Encina entrara al servicio de los duques de Alba [Encina, 1983: 100-101]. Si esto fuera cierto, nos parece que Encina la hubiera incorporado en la prínceps de su cancionero, pues se trataría de una pieza compuesta «desde q huvo catorze años hasta los veynte y cinco», Encina, 1928: fol. IIr].

ger producción teatral que sabemos que ya ha sido compuesta y escenificada por Encina, como sucedió con el *Cancionero de las obras de Juan del Enzina*, publicado por Juan Pegnicer y Magno Herbst en Sevilla el 16 de enero de 1501, y con el *Cancionero de todas las obras de Juan del Enzina con otras añadidas*, salido del taller burgalés de Andrés de Burgos el 13 de febrero de 1505. Estos, por las fechas de publicación, deberían haber contenido, al menos, la *Representación sobre el poder del Amor* y la *Égloga de las grandes lluvias*, escenificadas en 1497 y 1498 respectivamente, y, sin embargo, no incorporan material teatral nuevo.

Existe la noticia de una escenificación del *Auto* en Salamanca cuando Sebastián de Horozco era estudiante universitario entre 1524 y 1534 [Weiner, 1977: 875], según nos relata en *El libro de los proverbios glosados* [1570-1579] al explicar el significado del refrán «Más viejo que el repelón»:

Cosa muy vieja y muy antigua es en Salamanca a los moços y pajes de los estudiantes repelar a los nuevos o a los labradores que entran en las esquelas. A lo menos en mi tiempo se usaba mucho. Y se debía y debe usar antes y después por cuya ocasión se hizo una farsa o aucto pastoril en la qual se representaba un villano a quien avían repelado bravamente en las esquelas que se entraba en una casa huyendo de los que le repelaban. Y aquél es el aucto que dizen del repelón por quien se dixo este vulgar, «Más viejo que el *Aucto del repelón*, o que el repelón», el qual yo vi representar siendo yo harto muchacho y después impreso. Y començaba la entrada del villano en una copla que dezía: «Aparta y haz el lugar, dexa entrar, cuerpo del çielo. Que no me han dexado pelo na cholla por repelar. Mandad, señores, çerrar aquella puerta de huera, que viene una milanera para más me carmenar». Así que por esto se dixo: «Más viejo que el *Aucto del repelón*» [Horozco, 1994: 140].

Por su testimonio, debemos incorporar esta representación posterior del *Auto del repelón* que quizás se escenificara
cada curso académico. También debemos señalar que el texto circuló impreso, al menos en la primera mitad del siglo
XVI, a pesar de que no se han conservado más ejemplares
que el recogido en el *Cancionero* de 1509.

Debemos tener en consideración, asimismo, la vinculación de Encina con el Estudio salmantino en fechas posteriores a su servicio a la Casa de Alba. Nuestro dramaturgo recibe pagos anuales, al menos entre 1498 y 1500, para estudiar
en la universidad. Este es el contexto en el que Encina pudo
representar su *Auto*, ante un público mayoritariamente estudiantil, a pesar de que Rodrigo Mancho señala que el auditorio también se hallaría conformado por nobles [1984: 173][75].

Hemos apuntado anteriormente que la obra se relaciona
con los festejos del ciclo de invierno. ¿Se representaría el
auto entre diciembre y febrero, dentro de un contexto celebrativo universitario más amplio, como las fiestas para hon-
rar a determinados santos vinculados al Estudio que reflejan
los reglamentos universitarios? ¿Se trataría de un ambiente
carnavalesco, dado el tono de la pieza? Los *Estatutos hechos
por la Universidad de Salamanca* de 1538 legislan precisamente sobre ello en el título denominado «De la capilla del
estudio y de las missas y fiestas que se an de celebrar en
ella», del que extraigo lo relativo a las fiestas:

> Ítem que cada año se celebran en la universidad en su capilla
> siete fiestas principales que son las de san Nicolás y santa Ca-
> talina la qual dexó el dotor Ortiz canónigo de Toledo y la tras-

---

[75] Crawford [1922: 34] y Rambaldo [Encina, 1983: 100] también han sugerido que
el público para el que fue compuesta esta pieza entremesil fue universitario.

ladación de la sant Augustín que se celebra último de hebrero, y dos de san Hierónymo, la una que sea de celebrar el primero asueto o fiesta que no guardare la ciudad después de sant Lucas y la otra en mayo y otra de sant Ambrosio y otra de san Gregorio en março [Universidad de Salamanca, 1538, sin foliar].

¿Se escenificaría en algún recinto cerrado de la universidad? ¿En un colegio mayor? ¿Se haría en la capilla, como señala el citado capítulo? Llama la atención la enorme cantidad de ocasiones –hasta un total de dieciocho– en las que los pastores del *Auto* realizan juramentos o alusiones a Dios [vv. 11, 49, 56, 68, 73, 190, 202, 221, 273, 292, 322, 324, 334, 383 y 390], incluso en el villancico final: «¡bendito Dios y lloado!» [v. 426]. El número de alusiones es muy superior al del resto de las piezas encinianas. Aunque este tipo de expresiones son habituales en el habla pastoril, y especialmente con un tratamiento paródico, su insistencia podría tener que ver con el espacio sagrado en el que se escenificaría la pieza, sobre todo en este pasaje pronunciado por Johanparamás al inicio de la pieza: «No ha poder que ño esté el hombre / acá dentro más seguro. / ¡Par Dios, par Dios, que lo juro, / porque es juramento dobre!» [vv. 9-12]. ¿Se referiría explícitamente al recinto sagrado del Estudio? Esta es, lamentablemente, una mera hipótesis.

Si el *Auto* tuvo este recinto universitario como espacio escénico, el lugar posiblemente estaría aderezado con los adornos que se emplean en las citadas fiestas, según se recoge en el mismo capítulo referido:

Ítem estatuimos y ordenamos quel bedel que tiene cargo de los dichos ornamentos tenga nt mismo cargo de la tapicería y alhombras y doseles y almohadas y de todas las otras cosas de la capilla lo qual tengan en el arca grande que está junto al arca del dinero y trabaje de tratallo todo muy bien y no colgallo sin que primero se barra y riegue el general y sea obligado adereçar los generales [Universidad de Salamanca, 1538, sin foliar].

Este decorado podría haber estado presente en la escenificación del *Auto*, si es que la capilla fue el lugar de representación, aunque ello no es necesario para conferir teatralidad a la pieza. El hecho de que en el mismo título se ordene que «la dicha tapicería no se pueda colgar en las comedias» [Universidad de Salamanca, 1538], puede dar indicios de que esta costumbre era frecuente los años previos a la promulgación de estos Estatutos, y con este capítulo en concreto se pretendía prohibir esa realidad. Sin embargo, a falta de testimonios que lo corroboren, todo queda en hipótesis.

La única huella referente al espacio escénico de la obra aparece en la rúbrica inicial, donde se señala que el pastor Johanparamás entra en «*la sala*» y que este y Piernicurto «*echaron de la sala*» al Estudiante [p. 117]. También se indica el espacio dramático mostrado en escena, que formaría parte del espacio escénico: Johanparamás «*se fue a casa de un cavallero*» [p. 117]. ¿A qué señor se dirige este pastor rogándole que cierre «aquella puerta de huera»? [v. 6]. En la rúbrica inicial se nos señala que «*se introduzen dos pastores*» y «*un Estudiante*» [p. 117]. Por tanto, este «señor» [v. 5] no figura como personaje. Si seguimos leyendo el argumento, se nos informa de que el primero de los aldeanos «*se fue a casa de un cavallero, y entrando en la sala [...]*» [p. 117]. Por ello, parece que el espacio dramático en el que se representa la pieza no es un lugar abierto, como la plaza de la que han huido los rústicos, sino uno cerrado, «la casa de un cavallero». ¿De quién? ¿Sería un espectador más de la pieza teatral? ¿Estaba vinculado a la universidad? ¿Se trataba del anfitrión de la fiesta o podría ser el rector del Estudio? Recordemos que el dramaturgo ya no trabajaba para los duques de Alba desde, por lo menos, 1497.

A este caballero se dirige explícitamente Johanparamás al inicio de la obra, por lo que se nos indica que, efectivamente, es parte del auditorio, convirtiéndolo en «destinatario mudo», según la expresión de Michelle Débax [1988: 175]: «mandá ora, señor, cerrar / aquella puerta de huera» [vv. 5-6]. En esta especie de introito, Johanparamás se refiere explícitamente al público en otro momento: «vos juro», es decir, 'os juro' [v. 45]. Mediante esta referencia a la puerta, se juega con el espacio escénico y el espacio teatral de la «sala», y se consigue que «la puerta» de dicha estancia sea parte del edificio y de la escenografía de la obra a un mismo tiempo, tal y como sucedía en la *Égloga de Mingo, Gil y Pascuala* [Sánchez Hernández, 2023: 198-199]. Esta «puerta» vuelve a ser un elemento escenográfico empleado como espacio dramático, pues Johanparamás le comenta a Piernicurto que «entraste por allí» [v. 140], apuntando a la puerta de la sala.

También se señala este juego en «ño salgamos or'allá» [v. 260], cuando Piernicurto le propone a su compañero abandonar la sala, el «acá» [v. 264]. En este momento, se menciona de nuevo la puerta para que el público se fije en ella, ya que seguidamente *«Entra el Studiante»* [vv. 272/273], según indica la didascalia explícita. Entonces, a través del diálogo de los personajes, se puede reconstruir el espacio lúdico de la escena:

PIERNICURTO   ¡Digo, hao! ¿Crees en Diose?
¿Ves? Acá ven la llangosta.
Staos por y de recosta.
Ño hay quien con ellos repose.

JOHANPARAMÁS   Pues agora veréis vose
                cómo bulle el repelón.
                Buena será essa rezón,
                pues entiendo que ñon ose.
                ¡O, pesar de san Contigo!
STUDIANTE   Pastores, ¿por qué reñéis?
                ¡Quita allá, n'os apeguéis!
                [...]
                     Veamos: ¿por qué teméis,
                pastores, que sté yo aquí?
PIERNICURTO   Mejor será que os vais d'í
                ¡par Dios!, que ño que os estéis.
                Dend' ahuera habraréis. [vv. 273-294].

Se juega en este pasaje a que el Estudiante se acerca a los
pastores («Acá ven la llangosta», «que sté yo aquí») y estos
tratan por todos los medios que el Estudiante regrese a la
puerta por donde ha entrado («¡Quita allá, n'os apeguéis!»,
«Mejor será que os vais d'í», «que ño os estéis», «Dend' ahuera
habraréis»). La puerta se convierte, de nuevo, en espacio escénico y escenográfico. Por otra parte, los versos «Staos por
y de recosta» y «agora veréis vose», ¿se referirían al público?
¿Tratarían los pastores de advertir a los espectadores de la
llegada del estudiante y del posible regreso de los repelones?
Seguramente, su alusión provocaría comicidad.

Nos hemos referido ya al espacio dramático de la pieza
representado en escena, la «sala» del caballero. Esta es men-
cionada a lo largo del texto teatral en varias ocasiones mediante los deícticos «acá dentro» [v. 10] «aquí» [vv. 141, 290] y
«acá» [vv. 130, 274 y 341] y a través de «acá aportarán» [v. 272];
y los verbos de movimiento como «veniaste recatando / si
venía alguien» [vv. 143-144].

Existen otros espacios dramáticos mencionados que forman parte del espacio dramático aludido y que contribuyen a recrear el ambiente ficcional de la obra: son la plaza de la villa, es decir Salamanca[76], y la aldea, cerca de Ledesma, de donde proceden los rústicos. El primero de estos espacios dramáticos aludidos, la *plaça* de la villa [p. 117], es referido mediante el deíctico «allí» [v. 266] y los elementos espaciales «a la praça ño tornasse» [v. 15], «ña praça» [v. 18], «la villa» [vv. 34 y 106], «alá» [v. 57], «donde stábamos denantes» [v. 98], «allá tornar» [v. 104], «en la cibdade» [v. 319] y «stávamos nel mercado, / ña aquella praça denantes» [vv. 357-358]. Es en este lugar aludido en el que los pastores sufren los repelones y los golpes de los estudiantes, cuya acción no se representa en escena, pero es detallada verbalmente por los dos rústicos.

El otro espacio aludido de la pieza, que contribuye a recrear el espacio dramático, es la aldea o el lugar, el espacio del que proceden los pastores. A él se alude a través de didascalias implícitas diseminadas a lo largo del texto teatral: «allá» [v. 204], «en el campo» [v. 212], «si ellos van al llugar» [v. 231], «allí» [v. 245], «lugar» [v. 295], «d'allá yuso» [v. 299], «llugar» [v. 300], «d'allá d'azia Lledesma» [v. 302] y «la aldea» [v. 303].

La contraposición de los dos espacios villa/aldea posee una finalidad claramente cómica. Se produce en esta pieza un enfrentamiento entre estudiantes –representantes de «la villa»–, y los pastores –habitantes de la aldea–. El tratamiento de dicha dicotomía tiende a ser risible, ya que la oposición de ambos mundos lleva como propósito reírse

---

[76] Ya vimos que, en la *Égloga de las grandes lluvias*, Encina también se refería a Salamanca como la «villa».

de los personajes de extracción rural debido a sus modos rudos en escena y a su lenguaje. Los aldeanos son extraídos de su medio natural y ubicados en un contexto urbano, la plaza de la villa, al que no pertenecen y donde son asaltados por los estudiantes, lo que produce una situación cómica.

Tras esta delimitación de espacios dramáticos aludidos y representados, proseguimos el análisis teatral de la pieza. La acción comienza, como señala Julio Vélez [2018: 65-67], *in medias res*, pues Johanparamás entra en escena después de que los estudiantes lo hayan ultrajado en la plaza de la villa, como se recoge en la rúbrica inicial: «*stando vendiendo su mercadería en la plaça, llegaron ciertos studiantes que los repelaron*» [p. 117]. Sin embargo, se puede imaginar una escena muda del repelón, representada antes del inicio *in medias res*, y que provocaría la huida acelerada de Johanparamás y su entrada violenta en escena.

Antes de examinar la acción teatral de esta escena inicial, nos vamos a detener en la caracterización física del pastor Johanparamás, que puede ser reconstruida a través de las indicaciones escénicas implícitas. Sus prendas de vestir, a pesar de sus escasas alusiones en el texto, pueden ser las del disfraz prototípico del pastor, que ya hemos analizado a lo largo de nuestro estudio. No obstante, se menciona explícitamente un complemento que será de esencial relevancia para el desarrollo de la acción: la greña pastoril. Ya hemos señalado, en otras ocasiones, que el cabello es un elemento icónico muy importante para caracterizar visualmente al pastor, y remitimos a la imagen del pastor con greñas de la suelta enciniana que incorporamos más arriba (véase la figura 4).

En esta ocasión, la cabellera pastoril posee una funcionalidad añadida esencial, puesto que la acción teatral gira en torno a los repelones, por lo que dan nombre a la pieza[77]. El acto de repelar es «sacar el pelo, y particularmente de la cabeça, castigo que se suele dar a los muchachos [...]. Comúnmente se suele repelar el cabello que cae en las sienes» [Covarrubias, 1611]. Es, por tanto, una forma de burla y agravio hacia quien es repelado.

Por otra parte, el empleo de la violencia física es un recurso plenamente farsesco [Hendrix, 1924: 95-102; Encina, 1986: 219-220; Asensio, 1971: 20-21]. Es el culmen de los actos violentos mostrados en escena, que progresan desde el mero enfrentamiento verbal entre los pastores y el Estudiante, hasta la visualización de golpes físicos. Esta fusión de procedimientos violentos verbales y no verbales resultan muy atractivos para el espectador renacentista [San José, 2015a].

Puesto que Johanparamás ya ha sufrido los repelones cuando entra en escena, («*llegaron ciertos studiantes que los repelaron, faziéndoles otras burlas peores*», p. 117), el pastor debería mostrar una cabellera con pelo escaso en algunas partes, sobre todo en las sienes, según la definición de Covarrubias, y como él mismo confiesa en diversas ocasiones: «ño me han dexado pelo / ña cholla por repelar» [vv. 3-4], «me carmenar» [v. 8], «los repelones» [v. 18]; «las llanas tan car-

---

[77] Gil Vicente también explota las posibilidades de este recurso del repelón en su *Auto de la Visitación*, donde un vaquero, y el resto de sus compañeros, sufre repelones antes de entrar ante los reyes de Portugal: «¡Pardiez! Siete arrepelones / me pegaron a la entrada» [Vicente, 1996: vv. 1-2] confiesa el vaquero, mientras que a los otros rústicos «hanle de messar las greñas / los rascones al entrar» [vv. 111-112]. Por otro lado, el *Auto del repelón* de Encina es la fuente de los autos de pastores en *Claudina* y *Tidea*, como ha estudiado Pedro Cátedra [2016: 49-53 y 56].

menadas» [v. 22], «adobars'ian las melenas» [v. 103] y «para mi corona» [v. 287]. Por último, Johanparamás alude a «aquessos guedejones» [v. 158][78]. Para Covarrubias, «guedexa» es

> el mechón de cabello, díxose quasivedexa, que es nombre diminutivo de vellón [...]; antes que hallasen el modo de esquilar, arrancavan las vedexas repelándolas, y de vedexa, se dixo vedixa: porque en aquella parte nace al hombre pelo [1611].

No es inusual el empleo de pelo postizo para las celebraciones parateatrales de la época como las que tuvieron lugar la ciudad salmantina con motivo del Corpus Christi. Para el celebrado en 1501, se registra el uso de «tres cabelleras para los dichos pastores» de «los juegos que fiso Lucas» Fernández [Espinosa, 1923: 576]. En el corpus salmantino de 1531, se vuelven a anotar gastos por la compra de «cáñamo para las cavelleras» y para «teñir las cabelleras» [Espinosa Maeso, 1923: 581][79]. En el *Auto*, no solo Johanparamás llevaría cabellos postizos, sino que también Piernicurto alude a que «me veis mal pendado» [v. 310], es decir, "mal peinado". Este postizo tiene una función teatral concreta, pues su uso es necesario para poder realizar la acción que reza una de las escasas didascalias explícitas que ofrece el texto teatral: *«Repela el Studiante a Piernicurto»* [vv. 368/369]. Asimismo, el escolar también debería lucir una peluca porque los pastores lo repelan, según indica el verso «frisémosle la melena» [v. 404].

---

[78] El sentido de este término no ha sido anotado ni por Pérez Priego, ni por Alberto del Río en sus respectivas ediciones. Rambaldo señala que son 'cabellos' [Encina, 1983: 107], mientras que Gimeno [Encina, 1997: 152] ofrece las definiciones de *Autoridades* y de Corominas-Pascual.

[79] Tatiana Jordá también apunta al posible uso de máscaras [2016: 213].

Como hemos aludido antes, Johanparamás entra en escena y, en los primeros cincuenta y seis versos, relata lo sucedido fuera de escena (los golpes y repelones sufridos) y se lamenta de la falta de educación de los estudiantes, para provocar la risa en los espectadores. Así, la presencia física de la violencia se incluye en la obra de dos modos: referida verbalmente y con presencia escénica. El primer modo ocupa la parte inicial de la pieza, con la narración de las burlas sufridas por los pastores en la plaza, hasta la entrada del Estudiante en escena [v. 272]. El monólogo de Johanparamás refiere de forma cómica el encuentro con los estudiantes:

> ¡Apartá y hazé llugar!
> Dexá entrar, ¡cuerpo del cielo!
> Que ño me han dexado pelo
> ña cholla por repelar.
> Mandá ora, señor, cerrar
> aquella puerta de huera,
> que viene una milanera
> tras mí por me carmenar. [vv. 1-8].

Como se puede apreciar, el comienzo de la obra contiene gran teatralidad y movimiento escénico. Los dos primeros versos parecen hacer referencia a la gente que llena la sala para ver representar la obra: «¡apartá y hazé llugar! / Dexá entrar». Quizás el aldeano apareciese en escena con gran rapidez, empujando y abriéndose paso entre el público, pidiendo que se aparten y hagan sitio, lo que acentuaría más el carácter cómico de la situación, al ver también su cabellera descompuesta. Este procedimiento de «pedir sitio», es el *make room* que aparece en los *Interludes*. Así lo describe Javier San José:

Parte del público estaría sentado y parte de pie; algunos personajes de los *interludes* piden en ocasiones «sitio» desde los textos [«Make room»], lo que parece indicar un contacto con los asistentes que llenarían el espacio del movimiento de los representantes, asumiendo un doble papel que les convierte a la vez en personajes de la historia representada y en actores en contacto con el público. Además de en prólogos y epílogos, que son a veces convencionales, también hay menciones al público dentro de la acción, como si se esperase que el actor estuviera muy cerca de los asistentes. No hay un solo interludio tudor en el que el público no sea incorporado a la acción. Todo el mundo estaba en la representación; aunque hubiera un sitio reservado para la acción física, la acción dramática quedaba delimitada solamente por las cuatro paredes de la sala [San José, 2024][80].

Tras el monólogo inicial, Piernicurto, que ejerce el papel de pastor fanfarrón, realiza su entrada de modo igualmente aparatoso [Hendrix, 1924: 30]. De nuevo, a falta de acotaciones escénicas, debemos suponer que el pastor vestiría el disfraz típicamente pastoril, si bien hay que tener en consideración que los rústicos han ido a la villa a vender sus productos, no a pastorear, así que la indumentaria quizá fuese diferente y se asemejaría quizás a la de los aldeanos que aparecen con su mercadería en las figuras 37, 38, 39 y 40.

---

[80] Agradezco al profesor San José Lera que me haya facilitado el acceso a su manuscrito, del que extraigo la cita.

Figura 37. *Campesino y su esposa en el mercado*, Alberto Durero, 1515-1519, Madrid, Biblioteca Nacional.

Figura 38. *Campesino vende huevos*, Hans Sebald Beham, 1520, Ámsterdam, Rijksmuseum.

Figura 39. *Un granjero vende sus productos en el mercado*, Hans Sebald, 1510-1550, Ámsterdam, Rijksmuseum.

Figura 40. *Un agricultor que se dirige al mercado*, Hans Sebald Beham, 1520, Ámsterdam, Rijksmuseum.

Solo se menciona una prenda de vestir, el «gabán» [v. 371], que es «un traje holgado, con mangas y capuchón» y era «la prenda usada preferentemente por las gentes humildes para protegerse de las inclemencias del tiempo», como el frío y la lluvia [Bernis Madrazo, 1979: 18-19 y 87]. Los pastores de Lucas Fernández también llevan gabanes en la *Égloga o farsa del nacimiento de nuestro redentor Jesucristo*: «Mi gabán le quiero dar» [Fernández, 1976: v. 595]; es navidad, y hace frío; por eso, el pastor Bonifacio de Lucas Fernández cita esta prenda de vestir. Así pues, si Piernicurto porta gabán, debemos entender que el clima es invernal. ¿Se escenificaría la pieza, por tanto, durante las fiestas del ciclo de invierno universitarias? ¿En carnaval? El contexto lleno de golpizas, obscenidad y desmesura lo corroboraría. También podría interpretarse como elemento risible en otro tiempo [verano], por su inadecuación y falta de decoro.

La escena protagonizada por ambos aldeanos es de gran comicidad, pues Piernicurto, que ha entrado en la sala a gran velocidad, como se desprende del siguiente pasaje, sostiene que su prisa no se debe a su huida de los golpes y repelones, sino al deseo de ayudar a su compañero Johanparamás:

PIERNICURTO	¡Hideputa y qué zagal!
	Nora mala acá veniste.
JOHANPARAMÁS	Y a ti, ¡do al diabro triste!,
	¿ño te hizon otro tal?
PIERNICURTO	Yo te juro a san Doval
	que si ellos me repelaran,
	que quiçás que recaldaran
	para sí harto de mal.
JOHANPARAMÁS	Vera que, ¡cuerpo de mí!,
	con lo que estás y diziendo,
	pues, ¿por qué venías corriendo

quando entraste por allí?

PIERNICURTO   Porque pensava que aquí
te estavan on repelando. [vv. 129-142].

Esta escena permite, además, realizar una reconstrucción del espacio lúdico de los personajes, pues, por el diálogo que mantienen, podemos deducir que Johanparamás está sentado, mientras que Piernicurto permanece de pie:

JOHANPARAMÁS   Mas, ¡por tu vida!, que aquí
d'ambos y dos nos posemos.
PIERNICURTO   ¡Dal al diabro!, ño engorremos
aquí agora en nos posar.
JOHANPARAMÁS   Ñunca vi tal porfiar,
rellánate ora, holguemos.
[...]
Siéntate, ño estés erguecho.
PIERNICURTO   ¡Anda, vate, que ño quiero! [vv. 179-188].

La acción teatral desemboca finalmente en la confesión de Piernicurto. El pastor se niega a sentarse con su compañero a descansar, alegando que prefiere volver a casa. Pero el otro pastor no entiende su porfía:

JOHANPARAMÁS   ¿Por qué sos tan tesonero?
Pósate, ansí Dios te valga.
PIERNICURTO   Ño puedo con una nalga.
JOHANPARAMÁS   ¡Cómo! ¿Hay algo nel trasero?
PIERNICURTO   Al fin me ovon de caber
d'aquellas barraganadas
en las nalgas dos picadas,
que más ño pudon hazer.
JOHANPARAMÁS   ¡Hideputa, y qué prazer!
¡Con el rabo te justavan! [vv. 189-198].

Para mayor comicidad, la zona del cuerpo en la que el pastor ha sufrido golpes ha sido una parte tan poco noble como el «trasero» (la «nalga»). Por ello, lo obsceno de la referencia haría brotar la risa en el público[81].

Cuando los pastores están debatiendo sobre si es recomendable abandonar la sala o seguir escondidos ahí por la posible aparición de los escolares [vv. 257-272], entra en escena uno de ellos, que es anunciado a través de una de las escasas acotaciones escénicas explícitas del *Auto*: «*Entra el Studiante*» [vv. 272/273] y se desarrolla a continuación la escena, que hemos analizado más arriba, que permite reconstruir en espacio lúdico.

El texto teatral no recoge de forma explícita el aspecto que mostraría el Estudiante en escena. La razón principal podría deberse a que los espectadores de la representación (y quizás los lectores) formarían parte de la comunidad universitaria, por lo que conocían de primera mano cómo era el atuendo de un escolar. Sin embargo, conservamos un testimonio de Pedro Mártir de Anglería que ayuda a reconstruir la posible vestimenta del escolar enciniano. El humanista, con motivo de su llegada a la Universidad de Salamanca para explicar a los autores latinos en septiembre de 1488, refiere en una carta dirigida a su señor, el conde de Tendilla, su paso por las aulas del Estudio. Su relato señala que, por la gran afluencia estudiantil, «se perdieron muchos zapatos y no pocos bonetes. Se hicieron jirones muchas capas» [Fitz-James Stuart y Falcó, 1953: 82-84]. Contamos, de esta manera, con el atuendo básico escolar: capa, bonete y zapatos, al que se podría añadir el sayo estudiantil, para completar el conjunto. Asimismo,

---

[81] Ya puso de manifiesto Asensio la relación carnavalesca de los *sots* franceses y los *zanni* italianos de fines del XV e inicios del XVI [1971: 20].

puede servir de apoyo iconográfico el taco de la portada del *Lazarillo de Tormes* impresa en Burgos en 1554. Por último, Johanparamás indica que los estudiantes llevan puesto «un manto» [v. 227]. ¿Aludiría a una prenda del Estudiante?

En el título denominado «De la onestidad y trage de los estudiantes» de los *Estatutos hechos por la Universidad de Salamanca*, publicados en 1538, se señala que «los estudiantes anden onestos en la barba y cabello y qual sea barba desonesta se dexa en arbitrio del juez». Asimismo, en cuanto a la ropa, se estipula lo siguiente:

> Ítem que ningún estudiante trayga loba y manteo sino sola loba y solo manteo[82].
>
> Ítem que todos traygan bonetes y no gorras ni caperuças salvo los que sirvieren a otro o los que traxeren luto que puedan traer lobas o capuçes.
>
> Ítem que los sayos no sean de color ni chamelote ni ningún género de seda.
>
> Ítem que no puedan traer jubones de seda en cuera de seda ni puedan traer ningún género de seda ni sirgo ni passamanos ni botones de seda [...]; mas permitimos que los collarejos de los sayos que los puedan traer en tafetán o raso.
>
> Ítem que no pueda traer camisas labradas de color ni blancas con gorjales altos ni con lechuguilla ni polaynas ni más altas que los vestidos que truxeren [Universidad de Salamanca, 1538, sin foliar].

La normativa del Estudio ayuda a reconstruir el posible disfraz del Estudiante. ¿De qué color serían las prendas de vestir del escolar? Johanparamás se refiere a los escolares que acaban de repelarlo como «una milanera» [v. 7], es decir,

---

[82] Los estatutos de 1529 estipulaban algo similar con respecto a este último ítem [Fuertes Herreros, 1984: 107].

una bandada de milanos, según recogen Alberto del Río [Encina, 2023: 117] y Rosalie Gimeno [Encina, 1977: 139]. Esta estudiosa señala, además, que Johanparamás «asocia a los estudiantes con los milanos» [Encina, 1977: 139]. ¿Cuál es la razón? ¿Porque los universitarios se defienden con las uñas como hacen los milanos con sus garras, como refiere Covarrubias [1611], y han empleado sus manos para repelar? ¿Porque su plumaje es de color marrón como las prendas de los bachilleres?

Por otro lado, el tocado del Estudiante, que los pastores le retirarían de la cabeza para poder repelarlo («frisémosle la melena», v. 404), sería un bonete distinto al empleado en las dos églogas de amores recogidas en la prínceps del *Cancionero*. En el inventario del hato de Gaspar de Oropesa, se documentan bonetes destinados para un uso claramente teatral: «dos sombreros de bachilleres con cuernos» [Cátedra García, 2006: 501].

Por otra parte, Piernicurto insulta al Estudiante «Papaígo» [v. 285]. El papahígo, cuyo sentido no es anotado por ningún editor moderno, se trataba de «una especie de capuchón» y era una «prenda generalizada entre los habitantes del mundo rural» [Bernis Madrazo, 1979: 29-30]. Se asemeja a un tipo de capirote que

> consistía en un cono de tela rematado en una especie de cola que caía sobre la espalda, con una abertura para sacar la cara. Este capirote se empleaba como complemento de las lobas. Los letrados lo llevaban puesto [...] o quitado y echado sobre los hombros [Bernis Madrazo, 1979: 29].

Parece que el pastor se refiere al tocado del escolar con vocablos propios de su habla rústica.

Con el Estudiante en escena, se logran otros momentos de teatralidad, pues los aldeanos inician una discusión sobre si deben confesar al recién llegado su aventura pasada:

JOHANPARAMÁS	Este ño trahe rundade,
	que el que emprazia en la cibdade
	diz que trahe un palo lliso.
	Di, ¿quies que lle lo digamos?
PIERNICURTO	¡Par Dios! ¿Dezírllelo quieres?
JOHANPARAMÁS	Sí, si tú por bien tovieres.
PIERNICURTO	¡Par Dios, bonicos estamos!
	Pues de la otra ya escapamos,
	ño será ora maravilla
	que este traya otra tranquilla.
JOHANPARAMÁS	Llugo callemos entramos.
ESTUDIANTE	Según el miedo tenéis,
	alguna rebuelta ovistes.
PIERNICURTO	Bien sé que vos algo vistes.
ESTUDIANTE	Cierto, no sé lo que havéis.
	Dezídmelo, si queréis.
PIERNICURTO	¡Par Dios, digo que ño quiero!
ESTUDIANTE	¡Por tu vida, compañero!
JOHANPARAMÁS	¡Sí, para que os empiquéis!
ESTUDIANTE	Pues acaba, dilo ya.
PIERNICURTO	Que ño quiero ni me pago. (vv. 321-338)

La tensión entre ellos va en aumento porque Piernicurto no quiere reconocer ante el Estudiante que ha sido afrentado y amenaza con golpear a Johanparamás:

PIERNICURTO	Y a mí ño me repeloren.
JOHANPARAMÁS	Assí hízonte ño sé qué.
PIERNICURTO	Ño, que yo bien me guardé.
JOHANPARAMÁS	Bien qu'el rabo lo pagó.

                      ¿Cuidas que ño lo sé yo?
PIERNICURTO   ¡Cocorrón que te daré! [vv. 363-368].

Esta riña crea complicidad con el auditorio, ya que espera que el Estudiante, que quizás le dedica gestos cómplices, aproveche el momento para repelarlos, de forma que se reinicie la burla que el público podrá ver ahora representada, según señala la otra acotación escénica explícita que incluye el *Auto*: «*Repela el Studiante a Piernicurto*» [vv. 368/369].

Sin embargo, cuando parece que la escena va a acabar con los pastores afrentados, Piernicurto reacciona:

> ¡No llegués vos a la morra!
> Si ño, yo juria a san Joan,
> quiçás si ahorro el gabán
> y a las manos he la porra,
> que por bien que alguno corra
> lo alcance tras el cogote,
> aunque sea hidalgote,
> que le paresca modorra. [vv. 369-376].

La «morra», cuyo significado tampoco es anotado por los editores modernos, es «cabeça y vocablo pastoril [...]; de morra se dice chamorrar, tirar el pelo de la cabeza», según Rosal [1611, s.v. *morro*]. La acepción parece encajar, dado el contexto de la obra.

Como Piernicurto se enfrenta al Estudiante, este lo insulta. Así, mediante el uso de las pullas pastoriles, se logra la comicidad escénica[83]. Este juego verbal, presente también

---

[83] Sobre las pullas han tratado Crawford [1915a], Maurizi [1993], Lamano [2002: 590] y Ulysse [1987]. Hermenegildo ha relacionado este tipo de violencia verbal con la visión jocosa, violenta y lúdica del mundo carnavalesco [1995b: 59-60].

en la *Égloga en recuesta de unos amores*, la *Representación sobre el poder del Amor* y la primera égloga navideña, se muestra en el *Auto* con esta finalidad cómica. El Estudiante lo llama «¡Hideputa, bobarón! / [...] ¡Aparta allá, modorón, / grande y malo baharón!» [vv. 377-381]. Es, en efecto, una técnica muy eficaz para causar risa entre los espectadores.

La escena concluye de forma sorprendente para los espectadores [y para el estudiante] por la violencia ejercida por parte de los pastores al bachiller y la huida de este:

PIERNICURTO	[...] Mullámosle las costillas,
	que esso es lo qu'él anda hurdiendo.
JOHANPARAMÁS	¡O, cuerpo de Santillena!
	Pues que somos dos a uno,
	antes que venga otro alguno,
	frisémosle la melena.
PIERNICURTO	Mas si quieres buena y buena,
	pues qu'ellos nos paran malos,
	botémosle d'aquí a palos.
JOHANPARAMÁS	¡San Julián y buena strena!
	¡Dun Quartos de Maquillón!
	¿por qué m'avéis repelado?
	¿Hon tornáis manisalgado
	a darme otro repelón?
PIERNICURTO	¡Dale, dale, rodión!
	Ño le estés assí amagando
	porqu'esté refunfuñando.
JOHANPARAMÁS	¡A! ¿Huís d'un llamparón?
PIERNICURTO	¡O, qué palo le froqué
	en aquellos rabaziles!
JOHANPARAMÁS	Otro le di en los quadriles
	que quasi lo derengué. [vv. 399-420].

Como señala Humberto López Morales, el *Auto* contiene un final muy aparatoso [Encina, 1968: 34], con abundante movimiento escénico, lleno de gritos, insultos y golpes propinados al Estudiante, que consigue finalmente escapar, según deja traslucir la didascalia implícita en estos versos: «¡A! ¿Huís d'un llamparón?», «¡O, qué palo le froqué / en aquellos rabaziles!», «otro le di en los quadriles / que quasi lo derengué» [vv. 416-420]. Este modo de finalizar la acción teatral con golpes y gritos será una situación típica en los entremeses [Asensio, 1971; Brotherton, 1975: 146], por lo que se puede apreciar una progresiva evolución desde esta forma entremesil original hasta la culminación del género teatral.

En las figuras 41, 42, 43 y 44, se puede visualizar la violencia del juego teatral de esta última escena que el texto permite adivinar de manera parcial. La última de ellas muestra cómo tres personajes repelan y reciben repelones.

Figura 41. *Pelea de campesinos*, Hans Sebald Beham, 1547, Nueva York, The Metropolitan Museum of Art.

Figura 42. *Bufón golpeado por una mujer*, Virgilio Solís, Núremberg, hacia
1524-1562, Ámsterdam, Rijksmuseum.

Figura 43. *El hombre con la mujer sorprendida en adulterio*, Hans Sebald
Beham, 1537, Biblioteca Nacional de España.

Figura 44. *Lucha de los lisiados*, Cornelis Massijs, Amberes, 1539, Ámsterdam, Rijksmuseum.

Tras la victoria de los rústicos, y como viene siendo habitual en las obras encinianas, la pieza se cierra con la interpretación de un villancico que resume el tema central desarrollado en escena. En este caso, se trata de la composición «Hago cuenta que oy ñascí» [vv. 425-441], que viene anunciada por la rúbrica tradicional *«Villancico»* [vv. 424/425] y que concluye con la rúbrica *«Finis»* [tras el v. 441]. Esta última acotación, que precede al colofón del *Cancionero*, no ha sido insertada por ningún editor moderno en sus ediciones de la pieza. El texto del canto, que reproduzco a continuación, procura dar cabida al mundo al revés carnavalesco con un fin risible y paródico:

> Hago, cuenta que oy ñascí,
> ¡bendito Dios y lloado!,
> pues ño me hizon licenciado.

Nora buena acá venimos,
pues que tan sabiondos vamos.
Espantarse han nuestros amos
desta cencia c'aprendimos.
Ya todo que lo perdimos
y las burras he olvidado,
pues ño me hizon licenciado.
El que llega a bachiller
llugo quiere más pujar,
mas quien ño quisiere entrar
a studio, ni deprender,
¡mira si lo abrá en prazer,
después de bien repelado,
destojar en licenciado! [vv. 425-441].

Los versos «pues ño me hizon licenciado», «pues que tan
sabiondos vamos» y «el que llega a bachiller» podrían marcar
el momento celebrativo de obtención del grado de doctor,
que hemos apuntado más arriba. Asimismo, como se puede
apreciar, el contenido del villancico es muy similar al de la
obra, que se recoge principalmente en estos versos pronun-
ciados por Johanparamás al inicio del *Auto*:

On algunos ño aprovecha
tanto lo que han estudiado;
otros avrán más gastado,
ca mí sin saber leer
me han hecho acá bachiller,
que branca ño me ha costado.
¡A, ñunca medre la cencia
y on el puto que la quier!
Miafé el que a mí me creyer
ño studie tan ruin sabencia,
que vos juro en mi concencia

que si mucho la studiara,
que más cara me costara
quiçás que alguna correncia. [vv. 35-48].

Previamente al canto, el diálogo de los personajes deja traslucir la preparación para la ejecución de música, de forma similar a lo ya estudiado en otras obras teatrales. En el *Auto*, la alusión es muy breve, pero lo suficiente como para apreciar que se va a producir el fin de fiesta:

PIERNICURTO	Allí viene Juan Rabé.
	Muy bien estaría a nos
	cantássemos dos por dos.
JOHANPARAMÁS	Pues yo lo llevantaré [vv. 421-424].

La presencia de música con finalidad conclusiva se señala también en la rúbrica inicial del *Auto*: «*sobrevienen otros dos pastores y levanta Johanparamás un villancico*» [p. 117]. Sin embargo, en este final solo se menciona la entrada de Juan Rabé: «allí viene Juan Rabé»[84]. Ahora bien, Piernicurto también señala que «cantássemos dos por dos» [v. 423], por lo que se trata de un villancico a cuatro voces que requiere la presencia de esos «*dos pastores*» señalados en la rúbrica inicial citada [p. 117][85]. Finalmente, la pieza musical está forma-

---

[84] Bécker apuntaba que Juan Rabé podría ser identificado con Juan de Madrid, músico de la corte del príncipe don Juan [1987: 42]. Ahora bien, la mención de «Rabé» podría hacer referencia al rabel, es decir, al instrumento musical que va a acompañar melódicamente al villancico.

[85] Esta discrepancia entre rúbrica y texto teatral ya fue advertida por Rosalie Gimeno que, sin embargo, no trata de explicar el hecho [Encina, 1977: 15]. Crawford [1915b: 50] y Pérez Priego [2009: 1205] apuntan a la necesidad de cuatro pastores, mientras que Asensio [1971: 155] y Knighton [2001: 160], que remarcan la interpretación del villancico polifónico a cuatro voces, indican, sin embargo, que el cuarto personaje sería el Estudiante, algo que no parece probable porque ya ha salido de escena y porque la rúbrica señala la entrada de dos pastores nuevos.

da por dos estrofas que podrían haber sido interpretadas en parejas, «dos por dos», como señala Piernicurto.

En este contexto de carcajada carnavalesca y de inversión de valores se produce un cambio de estado en escena. Los pastores protagonizan un rito de iniciación de tipo carnavalesco en el que truecan su papel de ignorantes por el de poseedores del conocimiento. Dicha metamorfosis se lleva a cabo a través del repelón, que produce en los pastores un cambio de lanudos a tonsurados, y el repelado es ahora el que detenta la sabiduría. Dicha transformación, por supuesto, no puede ser tomada en serio, sino que es fruto del ambiente risible propio de las celebraciones carnavalescas [Maurizi, 1987: 100-101; 1994: 105-115; Ulysse, 1987: 205].

Como hemos examinado, pullas, golpes y repelones recorren el *Auto* de Juan del Encina con el propósito de originar comicidad desde la risa en un espacio urbano universitario, rodeado de un ambiente plenamente carnavalesco y paródico. Los insultos, bofetadas y golpizas propinadas, tanto por estudiantes como por aldeanos, se ejecutan con el objetivo de divertir al público mediante una comicidad fácil, un «humor de trazo grueso» plagado de circunstancias toscas y violentas [San José, 2015a]. La violencia escénica muestra, de este modo, una forma de construir toda la potencialidad teatral de la situación plasmada en escena.

El *Auto del repelón* representa, asimismo, varias novedades teatrales. Una de estas innovaciones dramatúrgicas es la introducción de una nueva *dramatis persona*, el Estudiante, de no poco itinerario sobre las tablas áureas. La otra novedad es la creación de un género que, con el paso del tiempo, desembocará también en los pasos y entremeses de nuestro teatro áureo. La última característica del *Auto* es el uso de un lenguaje rústico mucho más marcado que el empleado en sus otras piezas teatrales ya examinadas y que está conectado, quizás, con ese cambio de auditorio al que apuntábamos más arriba.

Gracias a este *Cancionero de todas las obras de Juan del Enzina*, nos ha llegado el texto de una pieza teatral enciniana que solo ha sido recogida en esta edición salmantina y que, por su testimonio documental, podemos añadir al corpus teatral del autor salmanticense. Por su parte, la versión de la *Égloga de tres pastores* que se recoge en este impreso sirve para cotejarla, como hemos realizado, con las variantes del texto teatral que se encuentran impresas en los dos pliegos conservados y extraer consecuencias teatrales de dichas versiones.

En resumen, el interés de este *Cancionero de todas las obras de Juan del Enzina con las coplas de Zambardo: τ con el Auto de repelón en el que se introducen dos pastores, Piernicurto y Johan para τ y con otras cosas nuevamente añadidas* reside principalmente en ser la edición más completa del teatro de Encina, pues posee un total de doce obras: las ocho de la edición prínceps, las dos que se añaden en la anterior edición de 1507 y las que se editan aquí nuevamente.

3. Los pliegos sueltos[86]

El pliego suelto fue otro de los formatos de impresión que se empleó para la difusión impresa de las obras dramáticas de Juan del Encina. Gracias a la existencia de esta fuente textual, hoy en día sabemos que Encina compuso otras dos églogas teatrales que no fueron recogidas en ninguna de las

---

[86] Puesto que las piezas teatrales que se examinan bajo este epígrafe han sido atendidas con más detalle por la crítica, reconociendo sus valores teatrales, y para no repetir los planteamientos ya expuestos, se acometerá un examen de los elementos teatrales más destacados de dichas obras.

ediciones de su *Cancionero*. Se trata de la *Égloga nueva-mente trobada por Juan del Enzina, adonde se introduze un pastor que con otro se aconseja* (también denominada *Égloga de Cristino y Febea* por la crítica moderna) y la *Égloga de los enamorados Plácida y Vitoriano* (también rotulada *Égloga nuevamente trobada por Juan del Enzina, en la qual se introduzen dos enamorados* o, modernamente, *Égloga de Plácida y Vitoriano*). A ambas dedicaremos nuestro análisis en este último epígrafe.

3.1. La *Égloga nuevamente trobada por Juan del Enzina, adonde se introduze un pastor que con otro se aconseja*[87]

La *Égloga nuevamente trobada por Juan del Enzina, adonde se introduze un pastor que con otro se aconseja* es una de las dos piezas que solo se transmitió impresa en pliego suelto. Su texto se conserva en un único ejemplar custodiado en la Biblioteca de Menéndez Pelayo de Santander que carece de datos de impresión, pero que ha sido fechado en Sevilla e impreso por Jacobo Cromberger hacia 1513 [Askins y Infantes, 2014: 59][88].

La suelta lleva impresa un taco xilográfico que contiene tres figuras de dos pastores y una pastora bajo los rótulos «*Cristino. Justino. Febea. Amor*» [Encina, ¿1513?, fol. 1r]. Este último carece de representación iconográfica (figura 45). También es de interés teatral que esos rótulos estén precedidos de la didasca-

---

[87] En este epígrafe se recogen algunas de las consideraciones expuestas en Sánchez Hernández, 2013b, 2014 y 2015. Alfredo Hermenegildo [2001: 135-162] y Tatiana Jordá [2016: 220-240] ya han destacado la teatralidad de la *Égloga*, lo que me exime de repetir elementos ya analizados por ellos.

[88] Miguel García-Bermejo Giner señala que es posterior a 1509 [1996: 52]. La suelta ha sido descrita por Salvá [1872: 434].

lia «*Interlocutores*», que aparece seguida de la rúbrica inicial. Quizás los impresores tuvieran consciencia de que lo que estaban imprimiendo era un texto teatral y pretendieron señalar diferencias con respecto a otros textos no dramáticos.

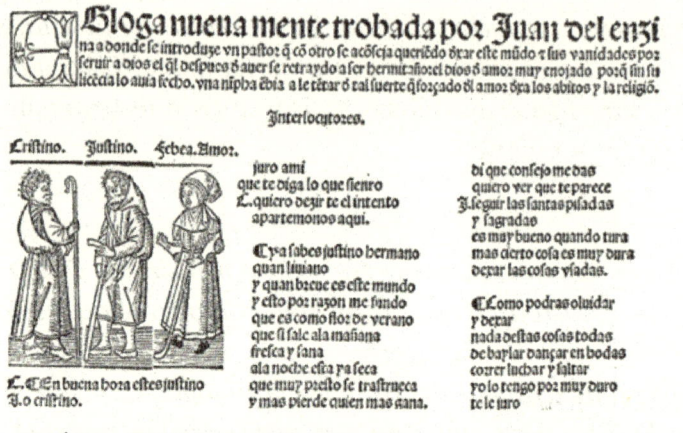

Figura 45. *Égloga de Cristino y Febea*, posterior a 1509, Biblioteca Menéndez Pelayo [Encina, ¿1513?].

El texto contiene, además, una didascalia en posición intermedia –«*Habla consigo Justino*» [vv. 130/131]–, y otras tres al final de la obra, que son similares a las que solemos encontrar en otras piezas encinianas para marcar la escena final de la obra: «*Fin*» [vv. 590/591 y 624/625] y «*Villancico*» [vv. 600/601].

La xilografía referida más arriba ilustra la vestimenta de los personajes de la obra. En la rúbrica inicial, Cristino y Justino están caracterizados como rústicos («*un pastor que con otro se aconseja*», p. 133) y como pastor se representa a Justino en el taco, con las ropas típicamente pastoriles (sayo con caperuza, zurrón, cayado y pelo greñudo); es decir, es el disfraz similar al empleado por los otros rústicos de las otras églogas encinianas. Cristino, como reza la rúbrica inicial y las sucesivas didascalias implícitas que recorren el texto teatral, se ha «*retraído a ser hermitaño*» [p. 133], adoptando los «hábitos» religiosos [v. 401], que están conformados por «el balandrán» [v. 501], «el escapulario, / las cuentas y el breviario» [vv. 503-504]. El taco muestra, además, el báculo a semejanza del pastoral de los obispos que pudo, o no, haberse empleado en escena. Otras didascalias implícitas señalan la apariencia de los personajes masculinos como pastores jóvenes: Justino es «moço» [v. 16] y Cristino es «moçuelo» [v. 561].

Conviene señalar que Cristino protagoniza un cambio de vestimenta ante los ojos de los espectadores. Este recurso, que Encina ya había empleado en la *Égloga en recuesta de unos amores* y en la *representada por las mesmas personas*, muestra un cambio de estado en el personaje, pues de ermitaño se torna a pastor [Profeti, 1982: 163; García-Bermejo Giner, 2011: 85]. Por ello, los complementos del atuendo pastoril deben tener presencia escénica para que la metamorfosis surta efecto. Estos complementos podrían ser el «çurrón» y el «cayado» que menciona Justino [v. 98].

Ya vimos que en la *Representación sobre el poder del Amor* se introducía por primera vez a un personaje mitológico, Cupido. En esta obra, Encina recupera al dios y añade a otro ser mitológico, la ninfa Febea. Cupido, que carece de representación iconográfica en el taco, podría mostrar en escena un atuendo similar al que describimos en la *Representación*, según dejan entrever las didascalias implícitas de la *Égloga*. Se trataría de un joven [«desmesurado garçón», v. 393], alado («tienes alas sin bolar», v. 169 y 174) y vestido de cortesano, con arco y flechas doradas («Traes arco con saetas / muy perfetas», vv. 166-167; «saetas con arco trayo», v. 173, «el arco y las saetas», v. 264)[89].

---

[89] Tatiana Jordá señala que Cupido estaría caracterizado como un joven semidesnudo [2016: 226-227]. Aunque esta iconografía era una de las representaciones

En el caso de Febea, su representación iconográfica en la xilografía muestra discrepancias con la descripción que de ella hace Encina. Si en el taco, su vestuario es claramente pastoril (recordemos la reutilización de xilografías por los impresores), en el texto teatral está caracterizada como «una nimpha» [p. 133, vv. 189, 201, 478 y 593] portando «el arco y las saetas» de Cupido [v. 264].

La iconografía de la época suele mostrar a ninfas (semi) desnudas (figura 46) o con peplos a la romana, muy sueltos y desceñidos (figuras 47 y 48). Esta indumentaria atrevida podría funcionar bien en la escena de las tentaciones (que comentaremos más adelante), en la que Cristino siente fogosidad, y aparta las manos de Febea que le tientan. En la curia romana, licenciosa, quizá tuviese sentido tanto «atrevimiento» erótico.

Figura 46. *Tres ninfas y dos sátiros bañándose*, Giulio Bonasone, 1501-1580, Ámsterdam, Rijksmuseum.

---

del Dios, ya vimos en nuestro análisis de la *Representación sobre el poder del Amor* que existía otra tradición medieval en la que se representaba a Amor como un cortesano alado. Remitimos a las figuras 22 a 29.

Figura 47. *La ninfa Napaea*, Cornelis Cort, Frans Floris, 1564, Ámsterdam,
Rijksmuseum.

Figura 48. *Ninfa perseguida por Amor y hombre dormido*, Marcantonio
Raimondi, 1510-1527, Ámsterdam, Rijksmuseum.

Sin embargo, puede tratarse de una mezcla de ambos dis-
fraces, ya que nada más aparecer la ninfa ante Cristino, este
la reconoce llamándola por su nombre [v. 286], aunque también se refiere a ella como ninfa [vv. 478 y 593]. Asimismo, la
propia Febea se describe como pastora («también servirás a
Dios / entre nos, / que más de buenos pastores / ay que
frailes, y mejores», vv. 296-299).

Por último, los antropónimos de los personajes juegan un
papel esencial porque son nombres parlantes, es decir, contienen cualidades inherentes a la *dramatis personae*. Cristino
(Cristo) es el amor cristiano, frente a Febea (de Febo o Apolo, Dios de la belleza), que es el amor pagano [Ruiz Ramón,
1992: 43] y Cupido, el «amor diabólico» [Alonso Fernández-Checa, 1995: 62]. Si asimilamos a Cristino con Cristo,
también se puede igualar la tentación de Cristino con las
tentaciones del demonio experimentadas por Jesucristo en el
desierto y con otras tentaciones bíblicas como la de san Antonio Abad, prototipo del ermitaño, pero trocadas a lo paródico. En la obra, se define la aparición de Febea ante Cristino
precisamente como «tentación» [vv. 216, 358, 444, 446], «tentar» [p. 133, v. 478], «tentarle con engaño» [v. 190]. En esta tentación nos detendremos más adelante.

Los espacios dramáticos de la égloga se extraen exclusivamente de las didascalias implícitas icónicas. La acción teatral
se desarrolla en un espacio natural –que contiene un «seto»
[v. 435]–, similar a los lugares campestres que se representan
en las otras obras ya analizadas. En esta ubicación natural,
hay un «camino» [vv. 5, 120, 213 y 434] que sirve de unión de
otros dos lugares dramáticos representados, el campo y la
ermita.

El espacio dramático de la «hermita» [vv. 71 y 325], ubicada
tras «essa montaña / tan estraña» [vv. 151-152], es referido

también como «convento» [vv. 195, 219, 365] con «muro» [v. 369] en el que Cristino permanece como ermitaño y donde se le aparece primero Febea y después Amor.

La aldea [v. 508], «el pueblo» [v. 355] o el lugar [vv. 68, 491, 528, 573] es el sitio de procedencia de los pastores y funciona como espacio dramático aludido que ayuda a completar el espacio dramático en el que se desarrolla la acción teatral[90]. A este espacio regresarán los pastores al concluir la representación.

Como la acción teatral transcurre en dos espacios dramáticos representados en escena, –el espacio natural con el camino y el seto y la ermita–, se podría pensar en un escenario unitario o híbrido como el que Teresa Ferrer describe para la representación de la *Égloga de Plácida y Vitoriano* [2004: 516]. Este espacio escénico es el antecedente del espacio escenográfico que elaborará Serlio poco después en su tratado de arquitectura destinado para las representaciones de temática satírica, consistente en un paisaje natural [González Román, 2001: 116-122; Surgers, 2009: 116-120]. Se podría haber utilizado un telón de fondo pintado que incluyera la ermita y el camino y que podría estar reforzado con elementos escenográficos corpóreos como el «seto»[91].

---

[90] Regueiro identifica tres espacios dramáticos: el prado, la ermita y el templo de Amor [1996: 52]. Si bien los dos primeros se pueden localizar en las didascalias implícitas de la égloga, no ocurre lo mismo con el templo, que carece de apoyatura en el texto, pues Cupido se les aparece a ambos pastores en su entorno natural.

[91] Esta es una solución similar a la propuesta por Humberto López Morales: el texto apunta a «la posibilidad de una representación con dos escenarios diferentes–el camino y la ermita–, pero la no simultaneidad de los mismos no parece un factor decisivo para suponer la existencia de un intermedio. La acción se muda de lugar sin más, y bastaría cualquier detalle convencional para indicarlo [Encina, 1968: 38].

La comicidad es un recurso de teatralidad empleado por Encina en esta pieza. Se produce en la escena en la que Amor se presenta ante Justino para conocer la ubicación de Cristino. El pastor, lejos de reconocer al dios, demuestra su ignorancia rústica. Este momento nos recuerda al encuentro cómico entre Cupido y Pelayo en la *Representación*:

AMOR	¡Ha, pastor, verás, pastor!
JUSTINO	¿Qué, señor?
AMOR	Escucha.
JUSTINO	Digo, ¿qué hu?
AMOR	Ven acá.
JUSTINO	¿Quién eres tú?
AMOR	Yo soy el dios del amor.
JUSTINO	¿Del amor dizes que eres?
	¿Y qué quieres? [vv. 141-147].

El tono humorístico es conseguido gracias a la tópica caracterización del pastor como desconocedor del poder del Amor. Tampoco habría que descartar la posibilidad de una escena nocturna y que Justino, medio dormido, no reconozca al personaje que lo despierta. La escena permite, además, reconstruir el espacio lúdico de los personajes a través del deíctico «acá» [v. 144] y de la petición de Cupido para que Justino se acerque a él («ven», v. 144)[92].

La comicidad del pasaje prosigue cuando Amor relata a Justino los planes para vengarse de Cristino y el rústico confunde la omnipotencia del dios con un acto de fanfarronería:

AMOR	Pues se fue sin mi licencia,
	yo le mostraré mi saña.

---

[92] Tatiana Jordá también incide en la entrada abrupta de Amor [2016: 225-226].

Yo haré su triste vida
dolorida
ser más áspera y más fuerte,
desseosa de la muerte,
que es peor la recaída.

JUSTINO   Más pareces a mi ver
y entender
lechuza, que no Cupido:
eres ciego y buscas ruido,
poco mal puedes hazer.
Traes arco con saetas
muy perfetas,
y tú no vees a tirar.
Tienes alas sin bolar,
tus virtudes son secretas. [vv. 154-170].

De nuevo, la respuesta del rústico ignorante recuerda a las proferidas por Pelayo en la *Representación* enciniana. La equiparación de Amor con una lechuza es bastante cómica y quizá tenga que ver con lo que apuntábamos más arriba, que Amor se le aparece por la noche, en mitad del sueño. Quizá, tras el verso 140, se produce un cambio de escena en el que Justino se queda dormido y Cupido lo despierta súbitamente. Ahora bien, no existen huellas en el texto que nos lo confirme. Covarrubias define «lechuza» como «ave nocturna conocida; en latín se llama *noctua*, porque buela de noche» y menciona que sale por la noche debido a la «flaqueza de su vista», cualidad a la que también se ha referido Justino («eres ciego»).

Se produce un último pasaje cómico en esta escena antes de que el ser mitológico se aleje definitivamente del pastor:

AMOR   Por su daño
yo haré que mal fin aya

y que cierta nimpha vaya
a tentarle con engaño.
JUSTINO   Allá te ve con tu tiento
y tormento.
Déxame estar aquí solo.
Vete a Cristino. [vv. 187-194].

La respuesta del rústico deja entrever su impaciencia, pues
no desea que Amor siga importunándolo, sino que prefiere
estar en soledad para interpretar una composición musical.
Los siguientes versos anuncian, del mismo modo que hemos
analizado en otras églogas, la inminente ejecución de música
que, en esta ocasión, se interpretará con la ayuda de su rabel:

JUSTINO   [...] Tanbién yo quiero tentar
y provar
mi rabé qué tal está.
AMOR   Comiença, tiéntale ya,
que ya te quiero dexar. [vv. 195-200].

La interpretación musical funciona como intermedio, pues
sirve para introducir una nueva escena, que estará protagonizada por los dos seres mitológicos: Febea y Amor. Lamentablemente, desconocemos cuál fue esa música que interpre-
ta Justino, pues el texto teatral no recoge más información.
Por el contexto, podría ser de temática amorosa, en la que el
pastor cantara los efectos del amor al son del instrumento
musical.

También pudo haber acompañamiento musical en otros
momentos de la obra. Quizá se podría haber ejecutado el
villancico «Hermitaño quiero ser», recogido en el *Cancionero*

musical de palacio con música de Juan del Encina [Romeu i Figueras, 1965: 415], cuando Cristino le confiesa a su compañero su intención de

> Todo lo quiero dexar
> y darme a servir a Dios.
>   Quiero buscar una hermita
> benedita
> do penitencia hazer
> y en ella permanecer
> para secula infinita. [vv. 69-71].

Funcionaría también como interludio musical, al igual que la composición de Justino. Asimismo, la música –y la danza– tendrán presencia escénica hacia el final de la obra, como analizaremos más adelante.

La interpretación musical de Justino marca, a través de la música, el cambio de escena: el pastor sale de escena cuando concluye su pieza musical (o va saliendo de ella a la vez que hace sonar su rabel). Seguidamente, Amor invoca a Febea:

AMOR	[...] ¡O, nimpha! ¡O, mi Febea!
	Porque vea
	la fe que tienes a mí,
	me quiero servir de ti
	en lo que mi fe dessea.
FEBEA	¡O, Cupido muy amado,
	desseado
	de los hombres y mugeres,
	manda tú lo que quisieres!
	No saldré de tu mandado. [201-210].

La presencia de la ninfa pudo haberse producido a través de una apariencia, pues parece que Amor realiza un conjuro («¡O, nimpha! ¡O, mi Febea!») y la escena podría haber estado dotada de espectacularidad.

Otro de los momentos de mayor teatralidad de la *Égloga* es la tentación de Cristino por parte de la ninfa Febea, que es enviada por Cupido, como hemos visto, para vengarse de él por darse a la vida religiosa. El recién convertido ermitaño se ha recogido en la «hermita» [vv. 71 y 325]. En la figura 49, puede observarse a san Antonio Abad, el ermitaño prototípico, en un lugar natural, apartado de la gente, donde se dedica a la vida contemplativa. La imagen permite reconstruir el espacio dramático de la ermita en el que tiene lugar la escena previa a la aparición de la ninfa.

Figura 49. *San Francisco Abad en el desierto*, Giovanni Bellini, hacia 1480, Venecia, The Frick Collection, Nueva York.

En esa guisa que se plasma en la imagen se encontraría
Cristino cuando Febea hace su entrada escénica:

FEBEA   ¡Deo gracias, mi Cristino!
               ¿Dó te vino
               tan gran desesperación,
               que dexasses tu nación
               por seguir otro camino?
CRISTINO   Febea, Dios te perdone,
               que me pone
               tu vista gran sobresalto.
               Quien acá no fuere falto
               para el cielo se traspone. [vv. 281-290].

Parece que la entrada de Febea en el espacio de Cristino
se ha producido, de nuevo, mediante algún mecanismo que
la haga aparecer de improviso, como si de una apariencia se
tratase (mecanismo que ya hemos tratado en el teatro anterior de Encina), ya que Cristino expresa su «gran sobresalto».
Es importante destacar este susto al que hace referencia el
pastor; no se sobresaltaría si la aparición de Febea no se hubiese producido de forma inesperada. La ninfa también podría haber aprovechado este momento para disparar la flecha con el arco de Cupido que debe llevar encima, según
hemos señalado antes. De esta forma, la escena de la tentación resulta cómica, ya que Cristino estaría previamente enamorado de Febea cuando ella comienza a seducirlo. Los in-
tentos del ermitaño por contenerse originarían, entonces,
risas entre los espectadores.

¿Cómo se logra esa tentación en escena? El texto permite
reconstruir el espacio lúdico de los personajes a través de los
deícticos. Febea ruega que Cristino se acerque a ella:

Ven acá, padre bendito,
muy contrito.
Aquí soy por ti venida,
quiérote más que a mi vida
y párlasme tan poquito. [vv. 311-315].

Cuando el pastor se aproxima a ella («Señora mía, ¿qué quieres?», v. 316), Febea inicia el contacto físico con él («estas manos benditas, / que me quitas», vv. 321-322). Cristino se resiste y Febea insiste en su deseo. El erotismo da mucho juego y Cristino, finalmente, cae en la tentación: «¡Ay, Febea, que de verte / ya la muerte / me amenaza del amor!» [vv. 326-328]. Y, así, una vez que la ninfa ha logrado su propósito, se marcha de improviso, como le había solicitado Cupido [vv. 221-224], y deja a Cristino encendido de amores y de excitación:

Mi Febea se me es ida,
ya no ay vida
en mi vida ni se halla.
Forçado será buscalla
pues qu'el Amor no me olvida. [vv. 341-345].

¿Cómo caracterizar a la ninfa en escena para presentarse ante Cristino? Está claro que es un personaje mitológico, pero Cristino la reconoce al instante, luego no es muy lógico que un antiguo pastor conozca ninfas y otros seres superiores. La primera pista la da la xilografía de la suelta, donde se muestra a Febea con el atuendo típico de pastora: lleva sayo, caperuza y cayado (véase la figura 44). No es casual ni extraño que la tentación aparezca en forma de pastora, si tenemos en consideración la anterior condición social del propio Cristino.

Puede pensarse que, en esta égloga, donde el cambio de vestuario juega un papel tan relevante, Febea aparece ante

Amor en su atuendo de ninfa (el peplo desceñido referido anteriormente) y que la apariencia de pastora ante Cristino sea un disfraz, del que puede desprenderse en juego erótico a lo largo de la escena para que Cristino la identifique como ninfa y se consiga la tentación. Todo esto da sentido al texto, pero nos movemos en el terreno de la hipótesis.

Si volvemos a la cuestión de las tentaciones bíblicas, apuntadas al inicio (Cristino-Cristo), podría aplicarse la siguiente solución. El tentador por excelencia es el demonio, que se vale de diversas astucias y «engañosas apariencias» para lograr su propósito, siendo la forma antropomórfica la más deseada [Réau, 1997: 83]. Una de esas figuras adoptadas es la de pastor. Así es como se le aparece el demonio a Jesucristo en el grabado de Lucas van Leyden, en el que el ser demoníaco es delatado por la pequeña garra que asoma por pie (figura 50).

Figura 50. *La tentación de Cristo*, Lucas van Leyden, 1518, Ámsterdam, Rijksmuseum.

Luego, ¿cómo representar a Febea? Ya desde el pasaje bíblico de la tentación de Eva, la mujer es considerada el origen de la perdición del hombre y es un tema muy reiterado en las artes plásticas. En la figura 51, la tentación es representada mediante una mujer con el atributo demoníaco de los cuernos, emblema de la lujuria [Réau, 1997: 83-86]. Resulta esta una solución escénica eficaz, a la vez que sencilla y muy visual para representar a Febea tentando a Cristino.

Figura 51. *La tentación de san Antonio*, Lucas van Leyden, 1509, The Metropolitan Museum of Art, Nueva York.

Otro demonio femenino aparece en el cuadro de las *Tentaciones de san Antonio Abad* (figura 52), donde puede apreciarse el mismo tipo de tocado femenino para caracterizar al demonio que, en este caso, es una mujer anciana con gesto grotesco y tocado puntiagudo que se burla del santo, mientras las tres damas intentan seducirlo. Así, la de Cristino, como la de san Antonio, es una seducción carnal en un entorno natural.

Figura 52. *Tentaciones de san Antonio Abad*, Joachim Patinir y Quentin Massys, entre 1520 y 1524, detalle, Museo del Prado, Madrid.

Tras la tentación de Febea y la venganza de Cupido, Cristino abandona la ermita y se dirige hacia la aldea por un camino en el que se encuentra con Justino. Su conversación nos permite reconstruir en el espacio lúdico de los personajes y también un posible elemento escenográfico, el seto:

CRISTINO   […] ¡O, si fuesse aquel Justino
              que viene por el camino
              allí junto cabe el seto!
JUSTINO   ¡A, Cristino, Deo gracias!
              Bien te espacias,
              yo no sé cómo te ha ido. [vv. 433-438].

Percibimos un tono burlesco en las palabras de Justino, pues no lo saluda con la fórmula típicamente pastoril «Dios mantenga», de otras obras [Sánchez Hernández, 2023: 101-102 y 179-180], sino con una expresión derivada de la fórmula latina «*Deo gratias*», empleada tras el final de la misa cuando el oficiante pronuncia «*Ite missa est, alleluia, alleluia*», a lo que el coro responde «*Deo gratias, alleluia, alleluia*» [Young, 1951: 42]. Esta misma expresión también la había empleado Febea cuando visita al ermitaño [v. 281]. Asimismo, aparecía en la *Representación a la muy bendita Pasión y Muerte de Nuestro Precioso Redentor* de temática sacra [v. 1].

Cuando Cristino le relata a Justino lo que le ha acontecido en la ermita, Justino le propone abandonar la religión y tornarse pastor. Se producirá, entonces, un cambio de vestimenta en escena que implica, como hemos señalado más arriba, la transformación del estado de Cristino:

JUSTINO   [...] Vámonos para el lugar
               sin tardar.
               Dexa los ábitos ende,
               dalos por Dios, o los vende.
               No los cures de llevar.
CRISTINO   De los ábitos, te juro,
               no me curo.
               Tú, Justino, me los quita.
               Allí dentro en el hermita
               quedarán, yo te seguro.
JUSTINO   Dusna, dusna el balandrán,
               que es afán.
               Quítate el escapulario,
               las cuentas y el breviario.
               No semejes sacristán. [vv. 491-505].

Para que Cristino vuelva a ser un pastor integral, Justino lo pone a prueba para comprobar sus dotes de bailarín. La escena musical se produce desde el verso 531 y se alarga hasta el final de la obra[93]. Hay una serie de acotaciones implícitas enunciativas que señalan la entonación de varios cantos:

JUSTINO	[...] ¿El bailar has olvidado?
	¡Dios loado!
CRISTINO	Cuido que no, compañón;
	hazme, por provarun son.
JUSTINO	Que me praze muy de grado.
	¿Qué son quieres que te haga?
CRISTINO	Haz, Dios praga,
	qual quisieres, compañero.
JUSTINO	¿Quieres uno vigillero,
	de los de Jesú de Braga?
CRISTINO	Tienta, tiéntalo, Justino.
JUSTINO	¡Sus, Cristino!
	Ponte en corro como en lucha,
	otea, mira, escucha,
	que yo creo que es muy fino.
CRISTINO	No le puedo bien entrar
	ni tomar,
	que es un poco palanciano [vv. 531-548].

Justino interpretaría, en primer lugar, un son «vigillero», seguramente con su «rabé», ya citado [v. 198]. Esta pieza musical, «de vigilia», como apuntan Pérez Priego y Alberto del Río en sus respectivas ediciones (Encina, 1991 y 2023), remite al canto y al baile habituales en la celebración de la vigilia de Navidad y alude, por lo tanto, a un son religioso (Cristino es aún ermitaño), frente al «más villano» y «de bodas».

---

[93] Las indicaciones sobre el modo de actuar de Cristino han sido destacadas por Alberto del Río [2007].

A través del diálogo se pueden reconstruir los movimientos coreográficos pastoriles («Ponte en corro como en lucha», «otea, mira, escucha») que ejecutaría Cristino y que no encajan con la melodía interpretada por Justino por ser «un poco palanciano» [v. 548]. Seguramente, su compañero elegiría esa pieza para burlarse de Cristino. Este le propone interpretar otro:

CRISTINO	[...] Hazme un otro más villano,
	que sea de mi manjar.
JUSTINO	Di quál quieres, noramala,
	que te haga.
	¿No dizes lo que querrías?
CRISTINO	Uno de los que tañías
	a la boda de Pascuala.
	Aquesse, aquesse es galán,
	¡Juro a san!
	Mira cómo lo repico,
	yo te juro y certifico
	que los pies tras él se van.
JUSTINO	Pega, pégale, moçuelo,
	muy sin duelo.
	No ay quien en medio se meta,
	alto y baxo y çapateta,
	y el grito puesto en el cielo.
	A ello, no te desmayes.
	¡Qué bien caes
	punto por punto en el son!
	Dale, dale, compañón,
	esfuerça que te descaes.
	Nómbrate, hi de cornudo,
	que estás mudo.
	Suene, suene tu lugar.
CRISTINO	La Venta del Cagalar,
	el hijo de Pezteñudo.

JUSTINO   ¡Assí, pésete sant Pego
               con el juego
               y al cuerpo de sus poderes!
               Sepan, Cristino, quién eres. [549-579].

Este segundo son es «más villano» [v. 549], es decir, pastoril, y por eso Cristino puede bailarlo correctamente. El diálogo está repleto de referencias musicales y coreográficas: «mira cómo lo repico», «los pies tras él se van», «Pega, pégale, moçuelo», «alto y baxo y çapateta», «el grito puesto en el cielo», «¡qué bien caes / punto por punto en el son!», «dale, dale, compañón», «esfuerça que te descaes».

Parece que se trata de lo que se podría denominar como «el villano», o una versión adaptada del baile aldeano real, que el *Diccionario de autoridades* define como «tañido de danza española, llamado así porque sus movimientos son a semejanza de los bailes de los aldeanos» [Real Academia Española, s.v. «villano»]. Podría semejarse a la descripción del «boleo» que realiza Juan de Esquivel en sus *Discursos sobre el arte del dançado*:

El Boleo se obra en el Villano: es un puntapié que se da en algunas mudanças de él, levantando el pie lo más que se pueda, tendiendo bien la pierna; y ase de executar levantando el pie con todo estremo. Pónese tanta diligencia, que por levantar el pie lo possible, e visto caer a algunos de espaldas [...]. Llámanse Boleos por ser movimientos que se executan al buelo en el ayre [Esquivel, 1642: fol. 19r-19v].

El pasaje describe el movimiento que Justino define como «alto y baxo y çapateta» y que es muy frecuente en el teatro de Encina. El baile cesa a petición de Cristino, que ya está «muy cansado» y ha demostrado sus cualidades para danzar [vv. 580-590].

Como cierre acostumbrado de las piezas teatrales, la égloga concluye con la interpretación del villancico «Torna ya,
pastor en ti» [vv. 601-631]. El texto musical está precedido de
un diálogo pastoril que, como sucede en otras obras, señala
el inminente desenlace musical de la obra tras la rúbrica
«Fin» [vv. 590/591]:

CRISTINO	[...] Perturbéme tanto, tanto,
	que es espanto
	de aquella nimpha que vi.
	Por tu fe, Justino, di
	en su nombre algún buen canto.
JUSTINO	No sé qué cantar me diga.
CRISTINO	Por amiga,
	que quiero mucho querella.
JUSTINO	Sobre saber quién es ella
	será bueno que se diga. [vv. 591-600].

Cristino le ha relatado a su compañero que «una nimpha»
lo ha tentado y que ha caído preso de amor por ella [v. 478].
Sin embargo, no le ha confesado que se trata de Febea; por
eso, Justino escoge un villancico en el que le pregunta a
Cristino por el nombre de su amada. La composición es dialogada. A pesar de que la puesta en página del *Cancionero*
y las decisiones de editar la pieza sin marcas de diálogo
ocultan este recurso dramático, su lectura permite contemplar claramente el reparto de los versos entre los pastores.

Las posibilidades escénicas de la *Égloga de Cristino y
Febea*, que han podido ser reconstruidas mediante las didascalias implícitas que ofrece el texto dramático y la interpretación de su sentido escénico, muestran de nuevo el aprove-
chamiento de los medios al alcance del dramaturgo. Los

recursos de los que se vale Encina para escenificar esta égloga son una evolución de los que ensayó en obras anteriores. En primer lugar, retoma la presencia de Cupido e inserta a la ninfa Febea como un nuevo personaje mitológico. Asimismo, recupera también al personaje del ermitaño y le confiere ahora un tono pagano y cómico. En tercer lugar, recurre al uso de música y danza como intermedio y como fin de fiesta; y, finalmente, emplea distintos espacios dramáticos, delimitados por la división de escenas marcadas mediante la entrada y la salida de personajes. Su plasmación en la escenografía será el antecedente de las innovaciones escenográficas que se desarrollarán en Italia de la mano de Serlio y que serán tan fructíferas en el teatro posterior europeo. Además, la clara división en escenas y el empleo de apariciones súbitas de personajes muestran nuevos mecanismos escénicos que avanzan en la estructura dramática de la pieza.

3.2. La *Égloga de los enamorados Plácida y Vitoriano*[94]

La *Égloga de los enamorados Plácida y Vitoriano* –titulada también *Égloga nuevamente trobada por Juan del Enzina,*

---

[94] Este epígrafe recoge algunas de las consideraciones expuestas en Sánchez Hernández, 2013b]. Las posibilidades teatrales de la obra han sido estudiadas por Humberto López Morales [Encina, 1968: 36-41], Alfonso Manuel Gil [1983], Joan Oleza [1984: 19], Pierre Heugas [1987], Miguel Ángel Pérez Priego [Encina, 1991: 75-80 y 1995], Michael Kidd [1997], Alfredo Hermenegildo [2001: 166-138], Eugenia Fosalba [2002], Teresa Ferrer [2004], Tatiana Jordá [2016: 240-274] y Laura Mier [2016a, 2016b: 225-274 y 2017: 115-162], lo que me exime de repetir elementos ya analizados por ellos. La crítica también se ha detenido en extraer las influencias clásicas e italianas de la *Égloga* [Mazzei, 1922: 50-53; Giménez Caballero en Encina, 1940: 20 y ss.; Chinchilla, 1996]. Asimismo, se han señalado las concomitancias de la obra con la temática de la poesía cancioneril [Beysterveldt, 1972: 32; Ballester Morell, 2012: 24-25].

204 SARA SÁNCHEZ HERNÁNDEZ

en la qual se introduzen dos enamorados– (y denominada por la crítica moderna simplemente como *Égloga de Plácida y Vitoriano*), es el punto de llegada de un proceso de transformación dramatúrgica que hemos ido señalando a lo largo del análisis de sus piezas teatrales y que es el resultado de diversas influencias.

El texto de esta égloga se conserva únicamente en pliegos sueltos, al igual que sucedía con la anterior pieza estudiada. Ninguna edición del *Cancionero* la incluye en sus folios[95]. De ella, los críticos suelen consignar la existencia o la noticia de cuatro sueltas distintas. Se cree que existió una suelta impresa en 1514 de la que no se conocen ejemplares [López Morales, 2000: 126] y otra supuesta impresión tardía en 1553, ejemplar que nadie ha visto y que se ha identificado a veces con un ejemplar de la *Égloga de Fileno, Zambardo y Cardonio* [Salvá, 1872: 4431-432; García-Bermejo Giner, 1996: 130]. Los dos pliegos, de tiradas independientes, que recogen el texto de la égloga se custodian en la Biblioteca Nacional de Madrid [Encina, ¿1518-1520?] y en la Biblioteca del Arsenal de París [Encina, s.a.].

En esta última entidad se conserva una de las sueltas que carece de datos de impresión, pero que se ha fechado hacia 1513 y se ha considerado como la versión más antigua de la pieza. La suelta, titulada *Égloga de los enamorados Plácida y Vitoriano*, se encuentra en un volumen facticio que contiene siete obras teatrales españolas, excepto una, de inicios del siglo XVI. El texto de la égloga está encabezado por un taco xilográfico que ocupa prácticamente toda la primera plana y que representa iconográficamente a una dama y un caballe-

---

[95] Las sueltas de la pieza han sido estudiadas por Gallardo [1866: 918-919], Salvá [1872: 431-433], Norton [1978: 119-120], Cotarelo [Encina, 1989: 26-27], Pérez Priego [Encina, 1991: 26, 33-34 y 77], García-Bermejo-Giner [1996: 58-59 y 130], Maurizi [1998], López Morales [2000: 126-128] y Fernández Valladares [2005: 525-527].

ro –Plácida y Vitoriano, aunque sin rótulos– en un entorno palaciego cuya ventana permite vislumbrar un paisaje natural (figura 53). Este grabado se analizará en su funcionalidad dramática más adelante.

Figura 53. Portada de la *Égloga de los enamorados Plácida y Victoriano*,
Biblioteca Nacional de Francia [Encina, s.a., fol. 73r].

La otra suelta, de la que se conserva un ejemplar en la Biblioteca Nacional de Madrid, ha sido fechada hacia 1518-1520 en Burgos e impresa por Alonso de Melgar [Norton, 1978: 119-120; Fernández Valladares, 2005: 525-526]. El título con el que se imprime es *Égloga nuevamente trobada por Juan del Enzina* y presenta la novedad, entre otras que indicaremos más adelante, de contener dos tacos xilográficos. El primero de ellos aparece en la parte superior de la primera plana y muestra dos figuras humanas que, bajo los rótulos de

«*Plácida. Vitoriano.*», representan iconográficamente a los protagonistas de la égloga (figura 54)[96]. Ambas figurillas están rodeadas por un entorno natural con árboles y pájaros, si bien a la izquierda del taco aparece la imagen de un edificio urbano. Ambos entornos apuntan a los espacios dramáticos en los que transcurre la pieza, y que detallaremos más adelante. Debajo de la xilografía, enmarcada por un rectángulo, sigue el título de la suelta, que contiene novedades con respecto a la edición parisina.

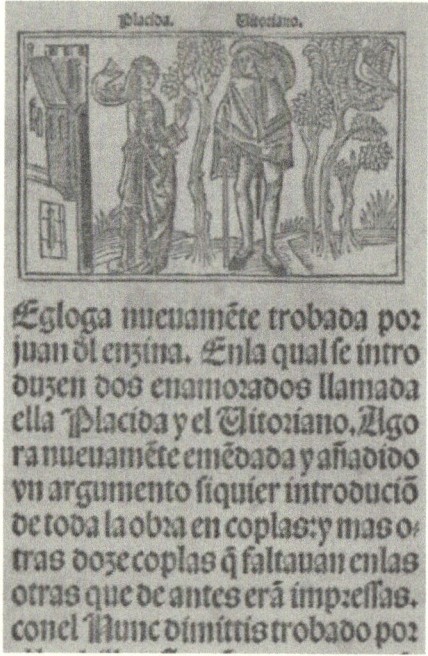

Figura 54. Primera plana de la *Égloga de Plácida y Vitoriano*, Biblioteca Nacional de España [Encina, ¿1518-1520?, 1r].

---

[96] La xilografía es la misma que las empleadas en la portada y el acto I de la edición de *La Celestina* de Burgos de 1499. A este respecto, conviene recordar el uso intercambiable de estos objetos en diferentes impresos (teatrales o no) y entre distintos impresores, como explica Fernández Valladares [2003].

El segundo grabado xilográfico incluido en esta suelta se inserta tras el monólogo de Gil Cestero y la acotación explícita «*Síguese la comedia. Habla Plácida primero*» (figura 55). En él se representa a tres personajes identificados por las rúbricas «*Vitoriano. Suplicio. Plácida*». El taco de la dama está separado por un árbol que simula un entorno natural, que apunta a uno de los espacios dramáticos de la pieza.

Figura 55. Taco xilográfico de la *Égloga de Plácida y Vitoriano*, Biblioteca Nacional de España [Encina, ¿1518-1520?, 2v].

Se ha señalado que esta suelta es una versión posterior de la pieza ya que contiene ligeras amplificaciones con consecuencias teatrales con respecto a la versión primitiva [Encina, 1991: 33-34; Maurizi, 1998: 1035]. Parece que esta versión pudo ser corregida por Encina y aprobada para su impresión en casa de Alonso de Melgar [Maurizi, 1998: 1039][97].

[97] Dado que el ejemplar ha sido examinado al detalle por Miguel Ángel Pérez Priego [Encina, 1991: 33-35] y por Françoise Maurizi [1998], solo aporto aquí la información relativa a aspectos propiamente teatrales, uno de los cuales es la inclusión de esas dos xilografías referidas.

La suelta añade once estrofas iniciales, que se correspon-
den con el introito de Gil Cestero, y que van anunciadas por
la didascalia explícita «*Aquí entra Gil Cestero y dize*» y que
concluyen con esta otra didascalia: «*Síguese la comedia: habla Plácida primero*». Tras ello, se reproduce la segunda de
las xilografías referidas (véase la figura 54). A este respecto,
señala Maurizi que este grabado separa el contenido de ese
folio con respecto del siguiente «como si hubiera que apartar
lo nuevo, lo añadido de lo antiguo» que pertenece a la otra
edición [Maurizi, 1998: 1034]. Este asunto del introito no es
una cuestión menor porque afecta a la historia del introito[98].
Ya hemos señalado que las otras obras de Encina contienen
proto-introitos. En esta, nuestro dramaturgo ha desarrollado
el recurso teatral, dotándolo de mayor perfección.

La funcionalidad dramatúrgica del introito en esta *Égloga*
está bien delimitada, pues contiene todos los elementos que,
con el tiempo, se harán convencionales. Encina lo pone en
boca del pastor Gil Cestero:

¡Dios salve, compaña nobre!
¡Nora buena estáis, nuestro amo.
Merescéis doble y redoble:
palma, lauro, yedra y roble
os den por corona y ramo.
Ya acá estoy,
mas ¿vos no sabéis quién soy?
Pues Gil Cestero me llamo.
    Porque labro cestería
este nombre, miafé, tengo.

---

[98] Los críticos han destacado la importancia, la función y la estructura del introito
enciniano [Oleza, 1984: 19; López Morales, en Encina, 1968: 36-38; Pérez Priego,
1995: 122]. Miguel García-Bermejo ha escrito del asunto en relación al papel de
Torres Naharro como inventor de su uso en el teatro [García-Bermejo Giner, 2017].

Soy hijo de Juan García
y carillo de Mencía,
la muger de Pero Luengo.
¿Vos miráis?
Yo magino que dudáis
que no sabés a qué vengo.
Por daros algún solacio
y gasajo y alegría
aora que estoy despacio
me vengo acá por palacio
y aún verná más compañía.
¿Sabéis quién?
Gente que sabrá muy bien
mostraros su fantasía. [vv. 1-24].

Estos versos contienen: el saludo inicial («¡Dios salve, compaña nobre! / Nora buena estáis»), la mención a la presencia explícita del promotor de la fiesta y su alabanza («Nora buena estáis, nuestro amo. / Merescéis doble y redoble: / palma, lauro, yedra y roble / os den por corona y ramo») y del público, con el que se interactúa («compaña nobre», «¿vos no sabéis quién soy?», «¿Vos miráis? / Yo magino que dudáis, / que no sabés a qué vengo», «Por daros algún solacio», «¿Sabéis quién?» y más adelante «Mandad callar y escuchar. / Estad atentos, señores», vv. 84-85). Se menciona, asimismo, el espacio escénico («acá estoy», «me vengo acá por palacio»). Tras ello, el pastor relata el argumento de la pieza [vv. 25-80] y, con el anuncio de la entrada de la «compañía» teatral («ya vienen, / si al entrar no los detienen», vv. 86-87), se señala el cierre del introito: «¡Venid, venid, amadores!» [v. 88]. Este es el primer verso de una célebre composición cancioneril que recoge Dutton [2007] y que invita a una escena musical:

Venid venid amadores/ quantos en el mundo fon/ venid todos
a la muerte/ de mi trifte coraçon/ que muero publica mente/
de vna fecreta afiçion/ y mas quifo que muriefe/ que dexafe fu
pafion/ porque nunca vio efperança/ que efperafe gualardon
[Dutton, 2007].

La ya apuntada ampliación del texto teatral con la inserción del introito seguramente responde, según Françoise
Maurizi, a una nueva circunstancia de representación, la escenificada en el palacio del cardenal de Arborea, Jaime Serra,
en Roma, pues

> el paso de *égloga* a *comedia,* las numerosas canciones, la dis-
> tancia del yo narrador -el pastor Gil Cestero-Encina- para con
> la «fantasía» que van a representar los *dramatis personae* y en
> la que va a tomar parte nos evoca el gusto italiano de la época
> por las obras teatrales largas y líricas [Maurizi, 1998: 1039].

Es decir, suponemos que la estudiosa refiere que la representación ante dicha dignidad eclesiástica no fue la primera
vez que se escenificó la *Égloga.* Parece que esta pieza –al
igual que sucedía con *Fileno, Zambardo y Cardonio* y con la
Representación sobre el poder del Amor–, se va adaptando
conforme a las nuevas circunstancias de representación y
ello queda reflejado en la puesta en página de los impresos
teatrales. Sin embargo, desconocemos cuál fue esa otra representación previa.

Sobre las circunstancias de esta última escenificación desarrollada en el palacio del cardenal de Arborea [si es que
existió una previa, como apunta Maurizi], poseemos más información gracias a la exhumación de la famosa carta, fre-
cuentemente citada, realizada por Alessandro Luzio [1886:

550]. En ella, Stazio Gadio relata a los marqueses de Mantua, Francesco Gonzaga e Isabella d'Este (tan relevantes para el dramaturgo Torres Naharro), la representación a la que asiste su hijo Federico Gonzaga en compañía del citado Stazio en la noche de Reyes (*«jovedi a VI, festa de li tre Re»*) de 1513. La carta y sus consecuencias teatrales han sido estudiadas con detenimiento por Luisa de Aliprandini [1991], por lo que remito a su trabajo para evitar repetir información.

El joven Gonzaga residía en casa del papa Julio II y Stazio Gadio está a su cuidado. Uno de los nobles y eclesiásticos que le demuestran hospitalidad y acogida es Jaime Serra, cardenal de Arborea. Se trata de un espacio privado, palaciego, como el de la corte de los duques de Alba [Sánchez Hernández, 2023], solo que en el contexto de la curia romana y en un ambiente renacentista, lo que supone, sin duda, modificaciones arquitectónicas y usos.

Parece que la representación enciniana no agradó al joven Gonzaga, quizás porque sus gustos no encajaban con la temática de la obra y quizás también porque fue recitada en castellano y tal vez ello supuso alguna barrera lingüística para apreciar la comicidad y las implicaciones teatrales de la obra [Luzio, 1886: 550]. Entre los invitados al espectáculo, figuraban altas personalidades como el cardenal de Aragón, los cardenales Sauli y Cornaro, ciertos obispos y caballeros y la cortesana Albina, según se recoge en la epístola citada [Luzio, 1886: 550].

Esa representación, *«recitata in lingua castiliana, composta da Joanne de Lenzina, qual intervenne lui ad dir le forze et accidenti di amore»* [Luzio, 1886: 550], se ha identificado con la *Égloga de Plácida y Vitoriano*, entre otras razones, por la coincidencia en la denominación del género *«invitato [...] a una comedia»* en la carta y en varias partes del texto enciniano: «así acaba esta comedia» [v. 79] y la didascalia escénica explícita

«*Síguese la comedia*» [vv. 88/89] [Aliprandini, 1991; Pérez Priego, 1995; Maurizi, 1998][99]. Asimismo, el testimonio de Juan de Valdés ayuda a conjeturar qué obra fue representada en casa del cardenal de Arborea: «Juan del Enzina escrivió mucho, y assí tiene de todo; lo que me contenta más es la farsa de *Plácida y Vitoriano*, que compuso en Roma» [Valdés, 1998: 241].

Una de las novedades de la pieza es que sus protagonistas son personajes pertenecientes al entorno urbano[100]. Gil Cestero así los denomina: «verná primero una dama» [v. 25] y «entrará luego un galán, / el qual es Vitoriano» [vv. 33-34]. La caracterización física de este sería similar a la descrita en relación al escudero que aparece en la *Égloga en recuesta de unos amores*, en la *representada por las mesmas personas* y en la *Representación sobre el poder del Amor* [Sánchez Hernández, 2023: 187 y ss. y 207 y ss.][101]. También se ajusta a las ilustraciones contenidas en los tres tacos xilográficos de las sueltas, a los que ya nos hemos referido antes.

Hay que comentar un elemento de atrezo mencionado en varias ocasiones a lo largo de la pieza: el puñal. Aparece en el argumento inicial en dos ocasiones [pp. 177 y 178], es mencionado por Plácida («A sabiendas olvidaste, / ¡o, traidor!, este puñal», vv. 1264-1265), por Suplicio («hincado tiene un puñal»,

---

[99] Por su parte, Michaelis de Vasconcelos [1918] trató de demostrar, sin argumentos sólidos, que la pieza escenificada fue la *Representación sobre el poder del Amor* que, como ya estudiamos, estaba destinada al príncipe don Juan. Aliprandini [1991] aporta argumentos de peso en favor de la representación de *Plácida* y no de la *Representación*.

[100] La mayoría de los críticos que se han acercado a esta égloga señalan que sus protagonistas son pastores [Williams, 1935: 21, Rodrigo Mancho, 1984: 183; López Morales, en Encina, 1968: 23-24; López Estrada, 1974: 215-216]. Por su parte, Rosalie Gimeno [Encina, 1977: 60-61] y Tatiana Jordá [2016: 243] sí señalan la condición de dama y galán de los amadores protagonistas.

[101] Puesto que la apariencia de los personajes ya ha sido examinada por Pérez Priego [1995: 122], omito realizar repeticiones.

v. 1488) y por Vitoriano («mi puñal es aquel», v. 1490; «el puñal fue a llevarme», v. 2143). Este objeto escénico, olvidado
por Vitoriano (ironía trágica), es de gran relevancia, pues sirve para el suicidio de Plácida y es reconocido por el galán
como utensilio de su pertenencia cuando esta yace muerta.

Los personajes pastoriles se colocan en un segundo plano, pues protagonizan el introito y una escena entremesil
intermedia. Su caracterización sería similar a la ya comenta-
da para las otras églogas de Encina. Hay que destacar que
incluso cuando la presencia de los rústicos no es esencial en
la trama, se acude a algunas situaciones de comicidad tópica,
como la pereza de alguno de los personajes, para originar
los efectos risibles. Este rasgo pastoril ya había sido explota-
do en la *Égloga de tres pastores*. En la *Égloga de Plácida y
Vitoriano*, la escena de contraste entre el mundo de los personajes urbanos, Suplicio, y los pastores Gil y Pascual resulta
de notable hilaridad. Suplicio les relata el suicidio de Plácida
y los aldeanos, a pesar de la gravedad del suceso, deciden
pararse a dormir tras un largo día:

GIL	Durmamos primero un poco,
	que hemos fecho gran velada.
PASCUAL	Iremos la madrugada.
	Yo de sueño ya debroco.
	[...]
GIL	Echémonos ora un rato
	en medio desta arboleda.
	Dormiremos sobre el hato. [vv. 2261-2270].

Dado que lo pastoril es accesorio en esta égloga, el papel
esencial de los rústicos es introducir un contraste cómico en
escena en un punto de la acción en el que prima lo trágico.

En la égloga, también se introduce un nuevo personaje, la celestinesca Eritea, cuyo cometido es similar a la de los pastores, de una funcionalidad entremesil, es decir, la de fraccionar la acción teatral principal con la inserción de elementos de descarga cómica. Esta escena con Eritea no está relacionada con la acción dramática y no se anticipa en el introito de Gil Cestero, lo que da lugar a pensar en una introducción posterior.

La obra incluye dos personajes mitológicos: Venus y Mercurio. Aunque el texto teatral no señala explícitamente su apariencia física, debemos entender, como también recoge Tatiana Jordá [2016: 272-273], que se basarían en una iconografía renacentista. Sus figuraciones se pueden observar en diversas representaciones artísticas de la época. Sí se menciona en la *Égloga* que Mercurio portaría su «verga» [v. 2377] o caduceo con el que lograría resucitar a Plácida. El conjunto se complementaría con el atributo del sombrero alado, como se puede apreciar en las figuras 56, 57 y 58.

Figura 56. *Mercurio*, Hans Burgkmair, detalle, hacia 1483-1581, Ámsterdam, Rijksmuseum.

Figura 57. *Mercurio*, Virgilius Solis, hacia 1524-1562, Ámsterdam, Rijksmuseum.

Figura 58. *Mercurio*, Hans Sebald Beham, 1539, Ámsterdam, Rijksmuseum.

En el caso de Venus, se procuraría una caracterización semidesnuda de la diosa (figuras 59 y 60), si bien también existen representaciones icónicas en las que se la muestra vestida (figuras 61 y 62).

Figura 59. *Venus y Amor*, Agostino Veneziano, 1516, Ámsterdam, Rijksmuseum.

Figura 60. *Venus*, anónimo, después de Hans Sebald Beham, 1520-1562, Ámsterdam, Rijksmuseum.

Figura 61. *Venus*, Virgil Solis, 1524-1562, Ámsterdam, Rijksmuseum.

Figura 62. *Venus con Libra y Tauro*, Virgil Solis, 1524-1562, Ámsterdam, Rijksmuseum.

Sobre su estructura, la crítica ha señalado que la *Égloga* posee una configuración dramática compleja y se ha delimitado la división en escenas [Gil, 1983: 49-50], «marcada por los dos entremeses internos» [Oleza, 1984: 19], señalando la función del villancico [vv. 1193-1216] que determina la segmentación de la obra en dos actos.

El texto de la égloga contiene mayor abundancia de didascalias explícitas que las que aparecían en las anteriores obras encinianas. Ya comentamos que en la *Égloga de Cristino y Febea* aparecía la rúbrica *«Interlocutores»* en forma de *dramatis personae* primitiva. En esta égloga, la rúbrica también aparece y, bajo ella, se explicitan los nombres de los personajes que intervienen en la pieza, por orden de aparición, excepto Gil que, como hemos visto, realiza el introito:

> *Interlocutores.*
> *Plácida.*
> *Vitoriano.*
> *Suplicio.*
> *Flugencia.*
> *Eritea.*
> *Pascual.*
> *Gil.*
> *Venus.*
> *Mercurio.* [Encina, ¿1518-1520?, fol. IIr].

Después del elenco de personajes, otra didascalia señala la entrada del personaje Gil a escena *«Aquí entra GIL CESTERO y dize»* [p. 178]. Esta indicación señala el inicio del monólogo inicial a modo de introito. Es esta una innovación teatral respecto a las primeras églogas, y experimentará un importante desarrollo posterior. Este introito cumple funciones similares que los posteriores introitos o loas, es decir, demandar la atención y el silencio del público [vv. 84-88], saludar al mecenas [vv. 1-5], captar la benevolencia y relatar un resumen de la pieza que se va a representar [vv. 17-80], como también señalamos anteriormente.

Tras el introito, otra didascalia señala la entrada de Plácida en escena y con ella el inicio de la acción teatral propiamente dicha: *«Síguese la comedia. Habla* PLÁCIDA *primero»* [vv. 88/89]. El final de su parlamento, y su salida de escena, también viene delimitada por otra acotación explícita: *«PLÁCIDA se va»* [vv. 256/257].

La salida de Vitoriano no está señalada de forma explícita en el texto [v. 257], como tampoco lo está la de su compañero Suplicio [v. 330]. Por otro lado, sendas acotaciones marcan los apartes de Vitoriano, *«Habla consigo mismo»* [vv. 520/521], y Suplicio, *«Habla entre sí* SUPLICIO*»* [vv. 864/865].

Más adelante, cuando la acción teatral se ha trasladado al espacio rural y Vitoriano, Suplicio y Pascual conversan sobre la partida de Plácida, una acotación explícita indica que el galán sale de escena mientras los otros dos personajes siguen dialogando: *«Sálese* VITORIANO*»* [vv. 1056-1057].

De otro tipo es la didascalia *«Villancico»* [vv. 1191-1192], de factura cancioneril, que aparece en las otras obras encinianas, y que anuncia la ejecución de la composición musical «Si a todos tratas, Amor» [vv. 1192-1215]. La siguiente acotación explícita del texto teatral señala la interpretación de la *«Vigilia de la enamorada muerta»* [vv. 1547/1548], en la que nos detendremos más adelante, y sus partes: *«Invitatorium»* [vv. 1547/1548], *«Psalmus»* [vv. 1593/1594, 1729/1730, 1817/1818], *«Requiem eternam»* [vv. 1809/1810], *«Requiem eternam et antifona»* [vv. 1961/1962], *«Lección primera»* [vv. 1961/1962], *«Lección segunda»* [vv. 2013/2014], *«Lección ter-*

cera» [vv. 2049/2050], «*Oración»* [vv. 2099/2100] y «*Fin»* [vv. 2115/2116], que marca la conclusión de la Vigilia y la continuación de la acción teatral.

La acotación «*Los pastores»* [vv. 2187/2188] señala que Vitoriano ha salido de escena y entran, en su lugar, los rústicos Gil y Pascual para recoger flores. Otra didascalia da paso a la acción principal, en una escena en la que Vitoriano está solo: «*Oración de Vitoriano a Venus»* [vv. 2299/3000]. Cuando esta aparece por medio de una tramoya, pronuncia unos versos para llamar a Mercurio, que son precedidos por otra rúbrica: «*Los versos»* [vv. 2363/2364]. Por último, la acostumbrada rúbrica «*Fin»* [vv. 2568/2569] marca el cierre musical de la égloga. Como se ha podido apreciar, el número y la variedad de las didascalias explícitas del texto son reseñables, como ya puso de manifiesto Hermenegildo [2001: 136-138].

Por otra parte, los espacios teatrales de la pieza han sido muy estudiados. Gil [1983], Pérez Priego [1995: 122-123] y Ferrer [2004: 516] han examinado los espacios dramáticos de la pieza, y han demostrado la clara influencia de las innovaciones escenográficas de la Italia renacentista que se estaban fraguando en ese momento. Como han señalado los citados investigadores, en la escenificación de la *Égloga* pudo haberse empleado un espacio híbrido que incluyera a la vez la ciudad y las soledades. Este espacio escenográfico no resulta una completa novedad, puesto que pudo aplicarse para *Cristino y Febea*, como ya se ha visto. Sin embargo, en *Plácida y Vitoriano* existe una mayor perfección teatral.

Otra novedad es el empleo del «decorado ilusorio», como lo denomina Alfonso Manuel Gil [1983: 44]. Se trata de un decorado en perspectiva, al que también han apuntado Carmen González Román [2001: 116-122] y Teresa Ferrer [2004], en el que se usaría la escena satírica de Vitruvio y el diseño de Serlio [Gil, 1983: 53]. El investigador trata de reconstruir el empleo de esta innovación teatral. Señala que el espacio contiene una cabaña a cada lado del escenario que, instaladas sobre una plataforma con ruedas, se retiran de escena por medio de maquinaria tirada de cuerdas como se hacía en la Edad Media [Gil, 1983: 54-55], de manera que queden libres los arbustos y una roca con una fuente pintada sobre ella [Gil, 1983: 55].

En la égloga se desarrolla un entremés pastoril con una clara finalidad funcional [vv. 1057-1191]. La protagonizan los pastores Pascual y Gil, que se entretienen con un juego de azar. Para ejecutarlo, los rústicos apuestan parte de su hato pastoril. Mientras que Gil aporta el «cinto de tachones» [v. 1134] y «essa cesta de paja» [v. 1135], Pascual se juega su «cayado» [v. 1131]. Estos objetos pueden tener presencia escénica, sobre todo este último, pues aparece como soporte para el tullido pastor [vv. 999-1024].

En otras piezas de Encina, los pastores también portan cintos. En esta, se especifica que tiene «tachones». Según el *Diccionario de Autoridades* el tachón «se sobrepone en el vestido, u otras cosas semejantes por adorno, para hacerlas más vistosas, y sobresalientes […]. Se llama assimismo la tachuela grande, regularmente dorada, o plateada» [Real Academia Española, s.v. «tachón»]. Así pues, bien como atrezo verbal, bien con presencia escénica, el cinto resalta por su colorido e indica esa vistosidad del vestuario para ocasiones especiales[102]. El cinto, junto al resto del hato pastoril que enumera el pastor, parece un elemento de gran calidad se-

---

[102] Carmen Bernis también recoge que el cinto se hacía de cuero o de una especie de cinta llamada tejillo, que podía forrarse de tela y que además llevaba metal [1979: 79]. Por la información que aporta, la prenda hecha de tejillo parece más apta para nobles, mientras que la gente popular emplea una versión más

gún la apreciación del propio rústico. Este atrezo pastoril evoluciona en el tiempo, llegando a ser de un elemento específico del bobo áureo[103].

Por otro lado, el cayado, como acabamos de indicar, sirve de soporte al tullido Pascual. Covarrubias señala que «de otro género de cayados, o báculos usan los viejos para sustentarse por la flaqueza que sienten en los pies» [1611, s.v. «cayado»]. Por ello, esta situación también induce a risa cortesana.

Además, todo este pasaje entremesil cumple una función cómica esencial, ya que marca el contraste entre el mundo de los personajes urbanos (Vitoriano, Suplicio y Plácida) y los pastores (Gil y Pascual). Dado que lo pastoril es accesorio en esta égloga, el papel esencial de los rústicos es crear comicidad en un punto de la acción donde prima lo trágico, como ya he señalado antes. El final de la escena es marcado por la música, que señala la transición a otra escena protagonizada por Plácida. La introducción del villancico «Si a todos tratas, Amor» [vv. 1192-1215] viene anunciada por el diálogo cómico de los dos rústicos, que servirá para señalar un fuerte contraste entre esta escena divertida y el suicidio de Plácida:

PASCUAL	Ora escucha, Gil Cestero,
	otea qué sonezillos.
GIL	Deve ser algún gaitero.
PASCUAL	Más cuido que rabilero
	o sones de caramillos.
GIL	Más lechuzas.

---

simple del cinto, fabricado con cuero, que podrían reservar para celebraciones importantes.
[103] En el hato de Oropesa aparece «un çinto de bobo de cuero blanco» [Cátedra García, 2006: 503].

Pascual	Si las orejas te aguzas,
	antes dirás que son grillos.
Gil	Si quieres, vamos allá
	a perllotrar el sonido.
Pascual	¡Írguete, sus, anda acá!
Gil	Pues la mano acá me da.
	Dome a Dios, que estó adormido.
Pascual	Vamos presto.
Gil	Yo no puedo andar más presto.
Pascual	Y aun yo estoy medio tollido. [vv. 1176-1191].

Y efectúan su salida de escena, que queda señalada de forma implícita en el diálogo que acaban de mantener, para dejar paso al soliloquio y la muerte de Plácida.

Por otro lado, para incidir en la espectacularidad de la obra, se retoma el mecanismo del *Deus ex machina* que ya se intuía en la *Égloga de Cristino y Febea*. En esta pieza, el uso del recurso es más evidente por lo que dejan entrever las didascalias implícitas que esconde el texto teatral: Venus «haze venir / a Mercurio desd'el cielo» [vv. 72-74, 2359 y 2534-2535], «ruégote que acá desciendas» [v. 2365] y, después de resucitarla, «yo buelbo a mi región» [v. 2419], produciéndose probablemente un ascenso de la misma manera en la que descendió. Aquí se logra mayor perfección en el recurso de la tramoya, ya que la presencia tanto de Venus como de Mercurio es la resolución de los problemas difíciles, que era su función principal [Massip, 1997: 22][104].

---

[104] Alfonso Manuel Gil [1983: 55-57], Pérez Priego [1995: 124], Laura Mier [2016b: 271 y 2017: 159-160] y Tatiana Jordá [2016: 271-272] han estudiado el empleo del mecanismo teatral en esta obra, por lo que evito repetir información ya expuesta. Por su parte, Gil señala que las entradas de los dioses estarían acompañadas de efectos especiales como truenos, en este caso mediante el uso de pólvora [Gil, 1983: 57].

En la *Égloga en recuesta de unos amores*, Encina recurrió a la música con funcionalidad entremesil [Sánchez Hernández, 2023: 197]. En esta égloga, se explota más este recurso, que aparece evolucionado y perfeccionado, con un propósito claro de divisor de escenas. Hay música después del introito de Gil Cestero para indicar el inicio de la obra propiamente dicha. La enunciación del verso «¡venid, venid, amadores!» [v. 88] parece una señal de interpretación de un villancico, como apunté más arriba.

Después, tras la didascalia implícita «otea qué sonezillos» [v. 1177], aparece otro «villancico» funcional [vv. 1191/1192], que puede servir para cambiar decorados y para permitir la entrada y la salida de personajes. De esta manera, se evita que el público deje de prestar atención. En otro momento aparece el poema del «Eco», monólogo lírico con el que Vitoriano expresa su dolor [vv. 1320-1419][105]. Algo similar ocurre con la «Vigilia de la enamorada muerta» [vv. 1548-2123], que pudo ser recitada con música de canto llano y de órgano [Encina, 1991: 338]. Su función puede ser la de retrasar el enlace de la pieza[106].

La ejecución escénica del referido poema del «Eco» pudo haberse resuelto mediante una posible realización musical. Las composiciones musicales en eco no son raras en la música del Renacimiento, tanto en las frótolas (*frottole*), prece-

---

[105] Pérez Priego denomina a este recurso «decoración sonora» [1995: 123]. Su funcionalidad teatral ha sido puesta de manifiesto por Alonso Miguel [2007], Tatiana Jordá [2016: 240-274], Laura Mier [2016a, 2016b: 225-274 y 2017: 115-162].

[106] Las implicaciones teatrales y el tono paródico de la «Vigilia» han sido examinadas por Hausen [1979], Mancini [1981] y Gernert [2009: 185-209]. La vigilia se ha relacionado con la *Religio amoris* del amor cortés [Rodado Ruiz, 2000: 68 y ss.]. La funcionalidad musical de la Vigilia ha sido estudiada por Bécker [1987: 37], Tatiana Jordá [2016: 240-274] y Laura Mier [2016a, 2016b: 225-274 y 2017: 115-162].

dente del madrigal, como en canciones (Marenzio di Lasso, Trombocino, Le Jeune) y, muy especialmente, en piezas compuestas para la escena (no en vano la pastoral renacentista es un precedente de la ópera). Las escenas de eco se convirtieron casi en un tópico del género de *dramma per música*, tanto francesa (Lully, Rameau, Gluck), como inglesa (Haendel, Locke). Es evidente el efecto teatral de estas piezas[107].

Los últimos versos de la *Égloga de Plácida y Vitoriano*, como viene siendo costumbre en las piezas encinianas, indican explícitamente un fin de fiesta con canto, música y danza que no se explicita en el impreso teatral:

PASCUAL	¡Juria nos que es gran prazer
	gasajar estos garçones,
	que de tanto padecer
	se pudieron guarecer!
SUPLICIO	¡Sus a ello, compañones!
PASCUAL	Compañero,
	¿queréis que os traya un gaitero
	que nos faga fuertes sones?
GIL	Corre, ve a traello, Pascual.
	No te pares, ve saltando,
	aguija presto, zagal.
	No te vayas passeando.
	Y si estuviere cenando
	y de recuesto,
	dale priessa y tráelo presto,
	que quedamos ya cantando.
	Fin
	El gaitero, soncas, viene,
	¡sus, a la dança priado!

---

[107] Como juego verbal de ingenio la analiza Marcel Gauthier [1915].

Salte quien buenos pies tiene
y a vos, Plácida, conviene
que saltéis por gasajado,
sin tardança.

VITORIANO   ¡Todos entremos en dança!

PLÁCIDA   ¡Soy contenta y muy de grado! [vv. 2553-2576].

Aunque desconocemos qué pieza se ejecutó como cierre, pues no se incluye su texto teatral, podemos aventurarnos a pensar que se trató de una danza cantada por los pastores al son de una gaita: «¿queréis que os traya un gaitero / que nos faga fuertes sones» y «¡todos entremos en dança!». De ello, y del tipo de movimientos referidos («salte quien buenos pies tiene / y a vos, Plácida, conviene / que saltéis por gasajado, /sin tardança»), se deduce que fue una danza alta bailada por cortesanos y por pastores, como la que hemos definido en otras piezas de Encina [Sánchez Hernández, 2023].

La *Égloga de los enamorados Plácida y Vitoriano* es, como hemos apuntado, el punto de llegada de un proceso de experimentación teatral y de transformación del teatro enciniano que se prolonga durante años y que se escenifica en diversos contextos y con motivo de diferentes circunstancias. Es su obra cumbre. Contiene una serie de innovaciones teatrales que indican el abandono de la fórmula pastoril y apuntan hacia un nuevo modelo dramático que evolucionará hacia las comedias urbanas de nuestro teatro áureo. La pieza es la primera «comedia», como el propio Encina define a su pieza.

Su extensión, 2576 versos, se acerca bastante a la que nos encontraremos en los textos del teatro posterior y presenta una estructuración dramática compleja en la que se puede apreciar la división en escenas y actos que, con el tiempo, se hará convencional. Además, se introduce el recurso del introito, que se intuía en sus composiciones teatrales anteriores, pero que aquí se muestra con una estructura y funcionalidad clara. Asimismo, se muestra una evolución de la función estructuradora de la música, que ya se gestaba desde sus primeras piezas y que en esta *Égloga* se perfecciona. El que en el introito de Gil Cestero se denomine a esta pieza «comedia», muestra el territorio novedoso que transita esta última pieza de Encina.

Los protagonistas también han evolucionado respecto a los personajes prototípicos de las piezas anteriores, pues se trata de personajes urbanos, mientras que los pastores, en los que se ha querido ver tradicionalmente un prototipo que evoluciona hacia el personaje del gracioso, forman parte de la trama secundaria de la pieza. Se introduce, además, un personaje celestinesco, Eritea, que posee una funcionalidad entremesil y de homenaje a la obra de Rojas. El último grupo de personajes es el conformado por los dioses Venus y Mercurio, que se introducen aquí mediante el mecanismo escenográfico del *Deus ex machina*, que se apuntaba tímidamente en las otras obras encinianas en las que se insertaban personajes mitológicos.

Por último, se introduce una innovación teatral muy relevante: el uso de las técnicas escenográficas que están desarrollándose en Italia. Ello, además, se verá enriquecido por un cambio de escenario que pretenderá plasmar la transición de los espacios dramáticos de la obra.

ACTO 3. FIN DE FIESTA

LOS ELEMENTOS TEATRALES analizados en estas seis piezas dramáticas permiten apreciar todo un entramado de recursos dramatúrgicos que Juan del Encina supo aprovechar a la perfección en una época y un contexto que determina de un modo directo su forma de enfrentarse a la representación de sus obras teatrales. El teatro de Encina no puede estudiarse e incluirse bajo el mismo baremo ni junto a obras teatrales que se produjeron casi un siglo más tarde, y que serán resultado de un proceso de evolución y de depuración de técnicas teatrales, así como de las nuevas circunstancias sociales y económicas que acabarán transformando el teatro de una práctica celebrativa a una industria. Por ello, ha sido esencial tener en consideración el contexto concreto de creación y de representación de las obras teatrales del dramaturgo para poder valorar la utilización de los diversos recursos teatrales de forma fidedigna.

Asimismo, el examen de diversos pasajes y mecanismos dramatúrgicos empleados en las obras encinianas ha permitido la interpretación de unas escenas que no se habían considerado plenamente teatrales o que para el lector actual han perdido significado, puesto que nuestro horizonte de expectativas difiere en gran medida del de un receptor renacentista, hecho que ha originado un desinterés y la desvalorización del primer teatro renacentista castellano.

Por otro lado, ante la aparente simplicidad del teatro de Encina, y de otros aledaños suyos, el estudio del texto teatral ha arrojado luz sobre numerosos recursos que se entrelazan con las tradiciones más cultas y diversas, demostrando que el dramaturgo supo seleccionar aquellos elementos del contexto que le rodeaba para conferir teatralidad a sus obras dramáticas, teniendo en mente el tipo de público al que iban dirigidas sus obras teatrales y los contextos celebrativos en que se integraban. Este trabajo de análisis ha permitido poner en valor el teatro de Juan del Encina mediante la aplicación de unos instrumentos de análisis dramatúrgico que han demostrado la teatralidad que esconden sus textos dramáticos.

A pesar de esa teatralidad mostrada, debemos recordar que este tipo de investigaciones se deslizan por el movedizo sendero de la conjetura y de la hipótesis. Así, se han ofrecido aportaciones de lo que pudieron ser los elementos puestos en juego en la escena renacentista y se ha recurrido, para ello, a diversas disciplinas como la semiótica y las artes visuales, entre otras.

En definitiva, el análisis atento del texto teatral ha desvelado un repertorio de recursos escénicos y escenográficos que ha permitido mostrar una posible reconstrucción de las representaciones teatrales realizadas en distintos contextos celebrativos y destacar la valía de Juan del Encina dentro de la historia del primer teatro castellano.

Por que ninguna antigüedad de
tiempos le pueda traer olvido.
Juan del Encina

BIBLIOGRAFÍA

Fuentes primarias

Cancioneros y pliegos

ENCINA, Juan del (¿1509?): *Égloga de tres pastores nuevamente trobada por Juan del Enzina*, s.l., s.n. Biblioteca Nacional de Francia. http://gallica.bnf.fr/ark:/12148/bpt6k8534455. [12-11-2023].

— (¿1513?): *Égloga nuevamente trobada por Juan del Enzina, adonde se introduze un pastor que con otro se aconseja, queriendo dexar este mundo y sus vanidades por servir a Dios; el qual, después de averse retraído a ser hermitaño, el dios de Amor, muy enojado porque sin su licencia lo avía fecho, una nimpha embía a le tentar, de tal suerte que forçado del Amor dexa los ábitos y la religión. Interlocutores: Cristino. Justino. Febea. Amor*, s.a., s.l. s.i., Santander, Biblioteca de Menéndez Pelayo, R-III-A(595).

— (¿1515-1519?): *Egloga trobada en la qual representa el Amor de como andava a tirar en una selua. Y de como salio un pacto llamado Pelayo a dezille que porq andaua a tirar en lugar denedado. Y despues como lo hirio el amor.*

Y de como vino otro pastor llamado Bras a cozolallo; r otro pastor llamado Juanillo: y su escudero q'llego a ellos, s.l., s.n., s.a. Biblioteca Nacional de Francia. http://gallica.bnf. fr/ark:/12148/bpt6k853426v. [12-11-2023].

— (¿1518-1520?): *Égloga nueuamête trobada por juan dl enzina: en la qual se introduzen dos enamorados llamada ella Placida y el Vitoriano*, s.l., s.n., ¿Burgos, Alonso de Melgar?, Biblioteca Nacional de España. http://bdh.bne. es/bnesearch/detalle/bdh0000242180. [11-11-2023].

— (¿1525?): *Égloga trobada por Juan del Encina, en la qual se introduzen tres pastores, Fileno, Zambardo, Cardonio*, s.l., s.i., s.a., Biblioteca Nacional de Madrid.

— (1525): *Egloga trobada por Iuan del enzina. Enla qual representa el Amor de como andaua a tirar en una selua. Y de como salio vn pastor llamado Pelayo a dezille que porq[ue] andaua a tirar en lugar deuedado. Y despues como lo hirio el amor. Y de como vino otro pastor llamado Bras a co[n]solallo: [et] otro pastor llamado Iuanillo: y vn escudero q[ue] llego a ellos*, s.l., s.a., s.i., (Burgos, Alonso de Melgar), R/3655, Biblioteca Nacional de Madrid. http:// bdh.bne.es/bnesearch/detalle/bdh0000268478.   [03-07-2024].

— (s.a.): *Égloga de los dos enamorados Placida y Victoriano. Agora recién corregida y emendada*, s.l., ¿Toledo?, s.i., ¿Juan de Villaquirán?, Biblioteca Nacional de Francia, a-b12. http://ark.bnf.fr/ark:/12148/cb40234457g. [12-11-2023].

— (¿1801-1862?): *«Égloga trobada por Juan del Encina»*, Copias de varias comedias y farsas del siglo XVI, manuscrito del siglo XIX copiado por Agustín Durán de los originales impresos del siglo XVI, fols. 5r-16v. http://bdh.bne.es/bnesearch/detalle/bdh0000187266. [12-11-2023].

— (¿1870?): *Coplas de Zambardo de Juan del Enzina*, Madrid, impresión de José Sancho Rayón partiendo del *Cancionero* impreso en Salamanca por Hans Gysser en 1509.

— (1507): *Cancionero de todas las obras de Juan del enzina con otras cosas nuevamente añadidas*, Salamanca, Hans Gysser, 5 de enero de 1507, Biblioteca del Palacio Real (I/B/15).

— (1509a): *Cancionero de todas las obras de Iuan del enzina con las coplas de zambardo, [et] con el auto del repelō enel qual se introduzē dos pastores piernicurto [et] Iohāpara, [et] c. [et] con otras cosas nueuamente añadidas*, Salamanca, Hans Gysser, 7 agosto 1509, Biblioteca Nacional de España. http://bdh-rd.bne.es/viewer.vm?id=0000186784&page=1. [12-11-2023].

— (1509b): *Cancionero de todas las obras de Iuan del enzina con las coplas de zambardo, [et] con el auto del repelō enel qual se introduzē dos pastores piernicurto [et] Iohāpara, [et]c. [et] con otras cosas nueuamente añadidas*, Salamanca, Hans Gysser, 7 agosto 1509, Biblioteca Nacional de Austria. http://data.onb.ac.at/rep/109B09F9. [11-11-2023].

— (1516a): *Cancionero de todas las obras de Juan del enzina: con otras cosas nueuamente añadidas*, Zaragoza, Jorge Coci, Biblioteca Nacional de Austria. http://data.onb.ac.at/rep/10AC125B. [12-11-2023].

— (1516b): *Cancionero de todas las obras de Juan del enzina con otras cosas nueuamente añadidas*, Zaragoza, Jorge Coci, 15 diciembre 1516, Biblioteca Nacional de España. http://bdh.bne.es/bnesearch/detalle/bdh0000186785. [11-11-2023].

— (1836): *El triunfo de amor, representación por Juan del Encina, ante el muy esclarescido e muy ilustre príncipe*

D. Juan, en Salamanca, año de 1496, edición de Bartolomé José Gallardo, Madrid, Imprenta de E. F. de Angulo, pp. 1-20. http://bibliotecadigital.jcyl.es/es/consulta/registro.cmd?id=5129. [11-11-2023].

— (1962): «*Égloga trobada por Juan del Enzina, en la cual se introduzen tres pastores*», en *Autos, comedias y farsas de la Biblioteca Nacional* (Madrid, Joyas Bibliográficas), I, 217-240.

— (1964): «*Égloga trobada por Juan del enzina. En la qual representa el Amor de cómo andava a tirar en una selva*», en *Autos, comedias y farsas de la Biblioteca Nacional* (Madrid, Joyas Bibliográficas), II, 1-8.

— (1976): «*Égloga trobada por Juan del enzina. En la qual representa el Amor de cómo andava a tirar en una selva*», en *Pliegos poéticos españoles de la Biblioteca Pública Municipal de Oporto: homenaje a Antonio Pérez Gómez* (Madrid, Joyas bibliográficas), 125-132.

— (1999): «*Égloga trobada por Juan del enzina. En la ql representa el Amor de cómo andava a tirar en una selva*», en *Un volumen facticio de raros post-incunables españoles*, coord. J. Martín Abad (Madrid, Antonio Pareja Editor), I.

Ediciones modernas

Encina, Juan del (1893): *Teatro completo de Juan del Encina*, Madrid, Establecimiento Tipográfico Sucesores de Rivadereyra. http://archive.org/stream/teatrocompletod00cagoog#page/n75/mode/2up. [12-11-2023].

— (1928): *Cancionero de Juan del Encina: primera edición 1496, publicado en facsímile por la Real Academia Española*, Madrid, Real Academia Española/Tipografía de la Revista de Archivos, Bibliotecas y Museos.

— (1940): *Égloga de Plácida y Vitoriano, precedida de otras tres églogas introductorias*, ed. Ernesto Giménez Caballero, Zaragoza, Ebro. http://bibliotecadigital.jcyl.es/i18n/catalogo_imagenes/grupo.cmd?path=10064697. [10-11-2023].

— (1968): *Églogas completas de Juan del Enzina*, edición de Humberto López Morales, Madrid, Escélicer.

— (1977): *Teatro: segunda producción dramática*, ed. Rosalie Gimeno, Madrid, Alhambra.

— (1983): *Obras completas. IV, Teatro*, ed. Ana María Rambaldo, Madrid, Espasa-Calpe.

— (1986): *Teatro y poesía*, ed. Stanislav Zimic, Madrid, Taurus.

— (1989): *Cancionero de Juan del Encina: primera edición 1496*, Madrid, Real Academia Española/Tipografía de la Revista de Archivos, Bibliotecas y Museos. http://www.cervantesvirtual.com/nd/ark:/59851/bmczs2s4. [10-11-2023].

— (1991): *Teatro completo*, ed. Miguel Ángel Pérez Priego, Madrid, Cátedra.

— (1995): *Triunfo de Amor; Égloga de Plácida y Vitoriano*, ed. Luisa de Aliprandini, Torrejón de Ardoz, Akal.

— (1996): *Obra completa*, ed. Miguel Ángel Pérez Priego, Madrid, Fundación José Antonio de Castro.

— (2001): *Teatro*, ed. Alberto del Río, Barcelona, Crítica.

— (2023): *Teatro*, ed. Alberto del Río, Madrid, Real Academia Española/Espasa.

Fuentes literarias y documentales

ANÓNIMO (¿1401-1500?): *Las Coplas de Mingo Revulgo*, s.l., s.a., manuscrito. Biblioteca Nacional de España. http://bdh-rd.bne.es/viewer.vm?id=0000065012&page=1.

ANÓNIMO (1401-1500): *Horae ad usum Parisiensem*, París, Biblioteca Nacional de Francia, ark:/12148/btv1b10532608h. [22-11-2023].

ASKINS, Arthur Lee-Francis y Víctor INFANTES (2014): *Suplemento al Nuevo diccionario bibliográfico de pliegos sueltos poéticos (siglo XVI) de Antonio Rodríguez-Moñino*, ed. Laura Puerto Moro, Vigo, Editorial Academia del Hispanismo.

COROMINAS, Joan y José Antonio PASCUAL (2012): *Diccionario crítico-etimológico castellano e hispánico*, Madrid, Gredos.

CORREAS, Gonzalo (1906): *Vocabulario de refranes y frases proverbiales y otras fórmulas comunes de la lengua castellana*, Madrid, Establecimiento Tipográfico de Jaime Ratés. https://ia700306.us.archive.org/18/items/vocabulariodere-f00corruoft/vocabularioderef00corruoft.pdf. [10-11-2023].

COVARRUBIAS OROZCO, Sebastián de (1611): *Tesoro de la lengua castellana o española*, Madrid, Imprenta de Luis Sánchez.

DUTTON, Brian (2007): *An Electronic Corpus of 15th Century Castilian* Cancionero *Manuscripts* Liverpool, Universidad de Liverpool. http://cancionerovirtual.liv.ac.uk/AnaServer?dutton+0+start.anv+view=indexes&indextype=author&letter=E. [13-11-2023].

ESQUIVEL NAVARRO, Juan de (1642): *Discursos sobre el arte del dançado*, Sevilla, Juan Gómez de Blas.

FAULHABER, Charles B. (1997-2019): *PhiloBiblon*, Berkeley, Librería Bancroft de la Universidad de California. http://vm136.lib.berkeley.edu/BANC/philobiblon/index.html. [13-11-2023].

FERNÁNDEZ, Lucas (1976): *Farsas y églogas*, ed. María Josefa Canellada, Madrid, Castalia.

FITZ-JAMES STUART Y FALCÓ, Jacobo (1919): *Discurso del Excelentísimo Señor Duque de Berwick y de Alba. Contribu-*

ción al estudio de la *Persona del III Duque de Alba*, Madrid, Imprenta de Blass y Compañía. https://ia800706.us. archive.org/23/items/discursosleidosa00berw/discursosleidosa00berw.pdf. [13-11-2023].

FITZ-JAMES STUART Y FALCÓ, Jacobo (1953): *Documentos inéditos para la Historia de España publicados por los señores Duque de Alba. Epistolario de Pedro Mártir de Anglería*, estudio y traducción de José López de Toro, Madrid, Imprenta Góngora, 9. http://bdh-rd.bne.es/viewer.vm?id=0000171788&page=1. [22-11-2023].

GARCÍA-BERMEJO GINER, Miguel (1996a): *Catálogo del teatro español del siglo XVI: índice de piezas conservadas, perdidas y representadas*, Salamanca, Ediciones Universidad de Salamanca.

HOROZCO, Sebastián de (1994): *El libro de los proverbios glosados*, ed. Jack Weiner, Kassel, Reichenberger, 1.

IGLESIA CATÓLICA (1503-1518): *Missale secundum consuetudinem almae ecclesiae Toletanae*, 2, http://bdh-rd.bne.es/viewer.vm?id=0000012826&page=1. [22-11-2023].

LORRIS DE, Guillaume y Jean de MEUN (¿1405?): *Roman de la rose*, París (Ms. Ludwig XV 7). Museo J. Paul Getty. https://www.getty.edu/art/collection/object/103SB3#full-artwork-details. [12-11-2023].

— (1401-1500): *Le Roman de la Rose*, Nacional de Francia. ark:/12148/btv1b6000364n. [12-11-2023].

— (1490-1500): *Le Roman de la Rose*, ilustración de Robinet Testard, Francia (MS. Douce 195). Biblioteca Bodleiana, Universidad de Oxford. https://digital.bodleian.ox.ac.uk/objects/bb971cd2-a682-45e5-866f-31ce76482afe/. [12-11-2023].

— (¿1340?): *Roman de la Rose*, ilustraciones atribuidas a Jeanne de Montbaston, París, Francia, The Morgan Library &

Museum, Nueva York (MS. M.503). http://ica.themorgan. org/manuscript/page/11/84972. [12-11-2023].

Norton, Frederick John (1978): *A Descriptive Catalogue of Printing in Spain and Portugal 1501-1520*, Cambridge, Cambridge University Press.

Ovidio Nasón, Publio (2004): *Metamorfosis*, ed. Consuelo Álvarez y Rosa María Iglesias, Madrid, Cátedra.

Petit Julleville, Louis de (1886): *Répertoire du théâtre comique en France au moyen âge: histoire du théâtre en France*, París, L. Cerf.

Pettegree, Andrew (2019): «Encina, Juan del», *USTC. Universal Short Title Catalogue. A Digital Bibliography of Early Modern Print Culture*, proyecto de investigación de la Universidad de Saint Andrews y la Universidad Colegio Dublín. https://www.ustc.ac.uk/. [12-11-2023].

Real Academia Española, *Diccionario de Autoridades, Nuevo Tesoro Lexicográfico de la Legua Española*. http://web.frl. es/DA.html. [12-11-2023].

Río, Alberto del (2016): «Cancionero», en *Comedic: Catálogo de obras medievales impresas en castellano hasta 1600*, Zaragoza, Grupo de Investigación Clarisel de la Universidad de Zaragoza. http://comedic.unizar.es/index/read/ id/142#collapse4. [18-11-2023].

Rodríguez Moñino, Antonio (1997): *Nuevo diccionario bibliográfico de pliegos sueltos poéticos (siglo xvi):* ed. Arthur Lee-Francis Askins y Víctor Infantes, Madrid, Castalia.

Rosal, Francisco del (1611): *Origen y etymología de todos los vocablos originales de la Lengua Castellana*, Biblioteca Nacional de Madrid, en el *Nuevo Tesoro Lexicográfico de la Lengua Española* de la Real Academia Española. http:// buscon.rae.es/ntlle/SrvltGUILoginNtlle. [22-11-2023].

RUIZ, Juan, arcipreste de Hita (1992): *Libro de buen amor*, ed. Alberto Blecua, Madrid, Cátedra.

SALVÁ Y MALLEN, Pedro (1872): *Catálogo de la biblioteca de Salvá*, Valencia, Imprenta de José Ferrer de Orga, I. https://bivaldi.gva.es/es/consulta/registro.cmd?id=2368. [12-11-2023].

TESTARD, Robinet y Jean BOURDICHON (1480-1496): *Horae ad usum Parisiensem. Heures de Charles d'Angoulême*, París, Biblioteca Nacional de Francia. ark:/12148/btv1b8432895r. [12-11-2023].

UNIVERSIDAD DE SALAMANCA (1538): *Estatutos hechos por la Universidad de Salamanca*, Salamanca, Pedro de Castro. http://gredos.usal.es/jspui/handle/10366/82762. [22-11-2023].

VALDÉS, Juan de (1998): *Diálogo de la lengua*, ed. Cristina Barbolani, Madrid, Cátedra.

VICENTE, Gil (1996): *Teatro castellano*, ed. Manuel Calderón, Barcelona, Crítica.

WILKINSON, Alexander (2010-2018): *Iberian Books*, base de datos del proyecto de investigación de la Universidad Colegio Dublín. https://iberian.ucd.ie/index.php. [22-11-2023].

Metodología teatral y estudios secundarios

ALBALÁ PELEGRÍN, Marta (2012): «El actor en la página: de grabados y escenarios "cómicos" a principios del XVI», en *Memorias del Congreso Internacional Las Edades del Libro*, ed. M. G. Gravier, I. Galina y L. Godinas (México, Universidad Nacional Autónoma de México), 908-958. http://www.edadesdellibro.unam.mx/edl2012/files/EdadesDelLibro.epub. [22-11-2023].

ALCALÁ, Ángel (1999): «Vida y muerte del príncipe don Juan, hijo de los Reyes Católicos», en *Vida y muerte del Príncipe don Juan: historia y literatura*, ed. Á. Alcalá y J. Sanz Hermida (Valladolid, Junta de Castilla y León/Consejería de Educación y Cultura), 9-217.

ALIPRANDINI, Luisa de (1991): «Un dramaturgo en Roma: Juan del Encina», en *Nello spazio e nel tempo della letteratura. Studi in onore di Cesco Vian* (Parma, Università di Parma/Bulzoni Editore), 117-128.

ALLEGRI, Luigi (1990): «La idea del teatro en la Edad Media», *Ínsula*, 527, 1-2 y 31-32.

ALONSO FERNÁNDEZ-CHECA, Juan Felipe (1995): «El demonio en el inicio del teatro español», en *Los albores del teatro español*, coord. Felipe Pedraza Jiménez y Rafael González Cañal (Almagro, Universidad de Castilla-La Mancha), 59-68.

ALONSO MIGUEL, Álvaro (2001): «Suicidas y pastores: sobre un lugar común de la égloga II de Garcilaso», *Pandora: revue d'etudes hispaniques*, 1, 95-106. http://dialnet.unirioja.es/descarga/articulo/3159973.pdf. [22-11-2023].

— (2007): «El *eco* de Juan del Encina: un género italiano en el *Cancionero general*», en *Actas del XI Congreso Internacional de la Asociación Hispánica de Literatura Medieval*, coord. Armando López Castro y María Luzdivina Cuesta Torre, (León, Universidad de León), 1, 153-161. http://www.ahlm.es/IndicesActas/ActasPdf/Actas11.1/10.pdf. [22-11-2023].

ÁLVAREZ PELLITERO, Ana María (1994): «Pervivencias e innovaciones en tránsito del teatro religioso medieval al del primer Renacimiento», en *Cultura y representación en la Edad Media: Actas del Seminario celebrado con motivo del II Festival de Teatre y Música medieval d'Elx*, ed. Evangelina Rodríguez (Alicante, Generalitat Valenciana, Consellería de Cultura/Ajuntament d'Elx/Insittuto de Cultura Juan Gil Albert), 89-99.

Asensio, Eugenio (1970): *Poética y realidad en el cancionero peninsular de la Edad Media*, Madrid, Gredos.

Asensio, Eugenio (1971): *Itinerario del entremés*, Madrid, Gredos. https://www.cervantesvirtual.com/nd/ark:/59851/bmchd8f1. [22-11-2023].

Aston, Elaine y Elaine Savona (1996): *Theatre as Sign-system: A Semiotics of Text and Performance*, London, Routledge.

Ballester Morell, Blanca (2012): «El legado de La Arcadia virgiliana en la obra de Juan del Encina», en *La tinta en la clepsidra: fuentes, historia y tradición en la literatura hispánica*, coord. Sònia Boadas Cabarrocas, Félix Ernesto Chávez y Daniel García Vicens (Barcelona, Promociones y Publicaciones Universitarias, PPU), 25-34. http://www.asociacionaleph.com/images/PDFs/actas/LA%20TINTA%20EN%20LA%20CLEPSIDRA.pdf. [22-11-2023].

Battesti Pelegrin, Jeanne (1987): «La dramatisation de la lyrique "cancioneril" dans le théâtre d'Encina», en *Juan del Encina et le théâtre au XVème siècle. Actes de la Table Ronde Internationale*, (Aix-en-Provence, Université de Provence), 57-78.

Bayard, Marc (2010): «In Front of the Work of Art: The Question of Pictorial Theatricality in Italian Art, 1400-1700», *Art History: Journal of the Association of Art Historians*, 33, 2: 262-277. http://onlinelibrary.wiley.com/doi/10.1111/j.1467-8365.2010.00742.x/pdf. [22-11-2023].

Bécker, Danièle (1987): «De l'usage de la musique dans le théâtre de Juan del Encina», en *Juan del Encina et le théâtre au XVème siècle. Actes de la Table Ronde Internationale* (Aix-en-Provence, Université de Provence), 27-55.

Bernis Madrazo, Carmen (1979): *Trajes y modas en la España de los Reyes Católicos. II, Los hombres*, Madrid, Instituto Diego Velázquez.

Beysterveldt, Antony van (1972): *La poesía amatoria del siglo xv y el teatro profano de Juan del Encina*, Madrid, Ínsula.

Bobes Naves, María del Carmen (1986): «Los sistemas de signos en "ligazón": texto literario y texto espectacular», *Lingüística española actual*, 8, 2: 143-168.

— (1994): «El teatro», en *Curso de teoría de la literatura*, coord. Darío Villanueva (Madrid, Taurus), 241-268.

— (1997): *Semiología de la obra dramática*, Madrid, Arco/Libros.

— (2001): *Semiótica de la escena: análisis comparativo de los espacios dramáticos en el teatro europeo*, Madrid, Arco/Libros.

Brotherton, John (1975): *The «Pastor-bobo» in the Spanish Theatre before the Time of Lope de Vega*, Londres, Támesis.

Bustos Táuler, Álvaro (2014): «"Sonriéndome estoy": Juan del Encina y sus pastores ante la tradición cómica y dramática», en *Hacia el gracioso: Comicidad en el teatro español del siglo xvi*, ed. Álvaro Bustos Táuler y Elena di Pinto Revueltas (Madrid, Visor Libros), 15-47.

Castro Caridad, Eva (2003): «El arte escénico en la Edad Media», en *Historia del teatro español. I*, Dir. Javier Huerta Calvo (Madrid, Gredos), 55-84.

Castro Santamaría, Ana (1994): «Arquitectura y mecenazgo. Juan de Álava y la Casa de Alba», en *Actas del IX Congreso Español de Historia del Arte* (León, Universidad de León), 1, 199-212. http://hdl.handle.net/10366/123236. [22-11-2023].

Castro Rodríguez, María Luisa (2015): «Superando el tiempo y la historia: Amor como personaje en el teatro de Juan del

Enzina y sus antecedentes medievales», en *Tiempo e historia en el teatro del Siglo de Oro: Actas selectas del XVI Congreso Internacional* (Aix-en-Provence, Presses Universitaires de Provence). https://doi.org/10.4000/books. pup.4713. [22-11-2023].

CÁTEDRA GARCÍA, Pedro (1989): *Amor y pedagogía en la Edad Media: estudios de doctrina amorosa y práctica literaria*, Salamanca, Universidad de Salamanca. http://hdl.handle. net/10366/122203. [22-11-2023].

— (2006): «El hato de Gaspar de Oropesa», en *«Tres colloquios pastoriles» de Juan de Vergara y Lope de Rueda (Valencia, 1567)*, (San Millán de la Cogolla, Cilengua), 493-503. http://hdl.handle.net/10366/122081. [22-11-2023].

— (2016): *El texto en el teatro y el teatro en el texto*, Salamanca, Seminario de Estudios Medievales y Renacentistas.

CENTRO GABRIELA MISTRAL (2003): *El escenario de la ilusión, sonido, luz e ingeniería en el teatro barroco: Exposición de artilugios y luminarias utilizados en los siglos XVI y XVII, Siglo de Oro en el teatro español*, Chile, Antiqua Escena/ Embajada de España/Consejería Cultural, Centro Gabriela Mistral.

CHARTIER, Roger (1999): *Publishing Drama in Early Modern Europe*, London, The British Library.

CHERCHI, Paolo (1986): «El retrato de don Amor», *Revista de filología española*, 66, 3-4: 313-317. http://search.proquest. com/docview/1299264536?accountid=17252. [22-11-2023].

CHINCHILLA, Rosa Helena (1996): «Presencia de la ninfa de la *Corcyciana* en *Plácida y Vitoriano*», *Bulletin of the Comediantes*, 48, 1: 51-62. https://doi.org/10.1353/boc.1996.0023. [12-11-2023].

CIROT, Georges (1941): «Le théâtre religieux d'Encina», *Bulletin Hispanique*, 43: 5-35. http://www.persee.fr/web/revues/home/prescript/article/hispa_0007-4640_1941_ num_43_1_2899. [22-11-2023].

CRAWFORD, Wickersham (1915a): «"Echarse pullas"-A popular form of tenzone», *Romanic Review*, 6: 150-164.

— (1915b): *The Spanish Pastoral Drama*, Philadelphia, University of Pennsylvania. https://ia600407.us.archive. org/29/items/cu31924027879208/cu31924027879208.pdf. [22-11-2023].

— (1916): «The Source of Juan del Encina's *Égloga de Fileno y Zambardo*», *Revue Hispanique*, 38: 218-231.

— (1921): «A Note on the Boy Bishop in Spain», *Romanic Review*, 12, 1: 146-154. http://search.proquest.com/docview/1290941861/fulltextPDF/14198A2202B3BFCE8C-C/7?accountid=17252. [12-11-2023].

— (1922): *Spanish Drama before Lope de Vega*, Philadelphia, University of Pennsylvania Press, 20-38. https://ia600300. us.archive.org/24/items/spanishdramabefo00crawiala/ spanishdramabefo00crawiala.pdf. [22-11-2023].

— (1934): «Encina's *Égloga de Fileno, Zambardo y Cardonio* and Antonio Tebaldeo's Second Eclogue», *Hispanic Review*, 2, 4: 327-333. http://www.jstor.org/stable/470286. [22-11-2023].

CUETO PÉREZ, Magdalena (2007): «Los espacios del teatro», *Las puertas del drama: revista de la Asociación de Autores de Teatro*, 30: 4-10. http://www.aat.es/pdfs/drama30.pdf. [12-11-2023].

DE MARINIS, Marco (1978): «Lo spettacolo come testo (I)», *Versus*, 21: 66-104.

— (1979): «Lo spettacolo come testo (II)», *Versus*, 22: 3-31.

DÉBAX, Michelle (1988): «L'espace de la communication. (A propos de quelques *Églogues* de Juan del Encina)», en *Es-*

paces: Séminaire d'études littéraires (Toulouse, Presses Universitaires du Mirail), 173-184.

Díez Borque, José María (1975): «Aproximación semiológica a la "escena" del teatro del Siglo de Oro español», en *Semiología del teatro*, coord. Luciano García Lorenzo y José María Díez Borque (Barcelona, Editorial Planeta), 49-92.

— (1983) (Dir.): *Historia del teatro en España. Edad Media, siglo xvi, siglo xvii*, 1, Madrid, Taurus.

— (1987): «Liturgia-Fiesta-Teatro: órbitas concéntricas de teatralidad en el siglo xvi», *Dicenda. Estudios de lengua y literatura españolas*, 6: 485-499. http://revistas.ucm.es/index.php/DICE/article/view/DICE8787110485A/13369. [22-11-2023].

— (1989): «Teatralidad y denominación genérica en el siglo xvi: propuestas de investigación», en *El mundo del teatro español en el Siglo de Oro. Ensayos dedicados a John Varey*, ed. José María Ruano de la Haza (Ottawa, Ottawa Hispanic Studies), 101-118. http://www.cervantesvirtual.com/nd/ark:/59851/bmcnk5b1. [12-11-2023].

Domínguez Casas, Rafael (1993): *Arte y etiqueta de los Reyes Católicos: artistas, residencias, jardines y bosques*, Madrid, Alpuerto.

Egido Martínez, Aurora (2009): «Telones parlantes del Siglo de Oro», en *El teatro del Siglo de Oro: edición e interpretación*, ed. Alberto Blecua, Ignacio Arellano y Guillermo Serés (Madrid, Iberoamericana/Frankfurt, Vervuert Verlag), 113-173.

Elam, Keir (1980): *The Semiotics of Theatre and Drama*, London, Mouton.

Espinosa Maeso, Ricardo (1921): «Nuevos datos biográficos de Juan del Encina», *Boletín de la Real Academia Española*, 8, 40: 640-656.

— (1923): «Ensayo biográfico del Maestro Lucas Fernández (¿1474?-1542)», *Boletín de la Real Academia Española*, 10: 386-424 y 567-603. http://www.cervantesvirtual.com/portales/lucas_fernandez/obra-visor-din/ensayo-biografico-del-maestro-lucas-fernandez-1474-1542/html/f43a7c11-700d-4f04-a59b-986938b3(2af4_16.html#I_0_. [12-11-2023].

FARREL, Anthony J. (1975): «Tradition and Evolution of *Ojos garços ha la niña*», *Bulletin of Hispanic Studies*, 52, 4: 363-369. https://doi.org/10.3828/bhs.52.4.363. [12-11-2023].

FERNÁNDEZ VALLADARES, Mercedes (2003): «Un taller de imprenta para la *Farsa llamada dança de la muerte*. Burgos como foco difusor del teatro de cordel en el siglo XVI», *Revista de Filología Románica*, 20: 7-23. https://revistas.ucm.es/index.php/RFRM/article/view/RFRM0303110005A. [22-11-2023].

FERNÁNDEZ VALLADARES, Mercedes (2005): *La imprenta en Burgos (1501-1600)*, Madrid, Arco-Libros, I.

FERRARIO DE ORDUNA, Lilia (1964): «La adoración de los pastores. I: Juan del Encina y Lucas Fernández)», *Filología*, 10: 153-178.

FERRER VALLS, Teresa (1992): «El espectáculo profano en la Edad Media: espacio escénico y escenografía», en *Historias y ficciones: coloquio sobre la literatura del siglo XV: actas del coloquio internacional*, coord. José Luis Canet Vallés, Rafael Beltrán Llavador y Josep Lluís Sirera Turó (Valencia, Universitat de València), 307-322.

— (2003): «La representación y la interpretación en el siglo XVI», en *Historia del teatro español. I*, Dir. Javier Huerta Calvo (Madrid, Gredos), 239-267.

— (2004): «La *Égloga de Plácida y Vitoriano* en el contexto de la producción dramática de Juan del Encina: la definición de un escenario híbrido», en «*Un hombre de bien*». *Saggi di lingue e letterature iberiche in onore di Rinaldo Froldi*, ed. Patrizia Garelli y Giovanni Marchetti (Alessandria, Edizioni dell'Orso), I, 505-518. http://www.cervantesvirtual.com/nd/ark:/59851/bmc8p7s5. [12-11-2023].

Fischer-Lichte, Erika (1999): *Semiótica del teatro*, Madrid, Arco/Libros.

Fosalba, Eugenia (2002): «Impronta italiana en varias églogas dramáticas españolas del Siglo de Oro: Juan del Encina, Juan Sánchez Coello (?): y Lope de Vega», *Anuario Lope de Vega*, 8: 81-120. http://www.cervantesvirtual.com/nd/ark:/59851/bmcsb4n7. [12-11-2023].

Framiñán de Miguel, María Jesús (2006): «Estudio documental sobre teatro en Salamanca (1500-1630): avance de resultados», *Criticón*, 96: 115-137. http://cvc.cervantes.es/literatura/criticon/PDF/096/096_115.pdf. [12-11-2023].

— (2012-2013): «En torno a la *Representación ante el príncipe don Juan* de Juan del Encina: el texto del *Cancionero* (1507) y de los pliegos», *Incipit*, 32-33: 45-64.

— (2015): *El espectáculo dramático-festivo del Corpus en la Salamanca del Renacimiento*, Madrid, Iberoamericana/Fráncfort, Vervuert.

Fuertes Herreros, José Luis (1984): *Estatutos de la Universidad de Salamanca, 1529, mandato de Pérez de Oliva, Rector*, Salamanca, Ediciones Universidad de Salamanca.

Gallardo, Bartolomé José (1866): «Encina, Juan del», en *Ensayo de una biblioteca española de libros raros y curiosos* (Madrid, Imprenta y Estereotipia de M. Rivadeneyra/Alicante, Biblioteca Virtual Miguel de Cervantes), II, 811-919. http://www.cervantesvirtual.com/nd/ark:/59851/bmcms490. [22-11-2023].

GARCÍA BARRIENTOS, José Luis (2003): *Cómo se comenta una obra de teatro*, Madrid, Síntesis.

GARCÍA FRAILE, Dámaso (1999): «La música en la vida estudiantil universitaria durante el siglo XVI», *Miscelánea Alfonso IX*: 87-106. https://eusal.es/index.php/eusal/catalog/view/978-84-7481-578-8/4974/3519-1. [12-11-2023].

GARCÍA-BERMEJO GINER, Miguel (1996b): «La parodia en la génesis de los "gallos" universitarios», en *Studia aurea, actas del III Congreso de la AISO (Toulouse, 1993)*, coord. Ignacio Arellano Ayuso, Carmen Pinillos Salvador, Marc Vitse y Frédéric Serralta (Pamplona, Universidad de Navarra), III, 203-212. https://cvc.cervantes.es/Literatura/aiso/pdf/03/aiso_3_3_026.pdf. [12-11-2023].

— (1998): «Creación del impreso teatral: texto y práctica dramática», en *El escrito en el Siglo de Oro. Prácticas y representaciones*, ed. A. Redondo y otros (Salamanca, Ediciones Universidad de Salamanca), 111-128. http://www.academia.edu/1905905/1998_Creacion_del_impreso_teatral_Texto_y_practica_dramatica. [5-12-2023].

— (2003): «Transmisión y recepción de la obra teatral en el siglo XVI», en *Historia del teatro español. I*, dir. Javier Huerta Calvo (Madrid, Gredos), 527-548.

— (2011): «Disfraz, máscara e identidad en el primer teatro prelopesco (de Encina a Torres Naharro)», en *Máscaras y juegos de identidad en el teatro español del siglo de oro*, coord. María Luisa Lobato (Madrid, Visor Libros), 75-90 http://www.cervantesvirtual.com/nd/ark:/59851/bmcp0016. [12-11-2023].

— (2014): «Lucas Fernández y sus pastores, ¿parientes del gracioso?», en *Hacia el gracioso: comicidad en el teatro español del siglo XVI*, ed. Álvaro Bustos Táuler y Elena di Pinto Revueltas (Madrid, Visor Libros), 49-68. http://

www.cervantesvirtual.com/nd/ark:/59851/bmcgt7k0. [12-8-2023].

GAUTHIER, Marcel (1915): «De quelques jeux d'esprit. II. Les échos», *Revue Hispanique*, 88, 35: 1-76.

GERNERT, Folke (2009): «El oficio de difuntos en el escenario», *Parodia y «contrafacta» en la literatura románica medieval y renacentista: historia, teoría y textos*, San Millán de la Cogolla, Cilengua, I, 185-209.

GIBELLI, Nicolás J. (1964): *Pinacoteca de los genios*, I, Buenos Aires, Codex.

GIL, Alfonso Manuel (1983): «Ensayo de reconstrucción del montaje de la égloga *Plácida y Vitoriano* de Juan del Encina», en *El trabajo con los clásicos en el teatro contemporáneo. Jornadas de Teatro Clásico Español*, ed. Juan Antonio Hormigón (Madrid, Ministerio de Cultura, Dirección General de Música y Teatro), I, 29-69.

GILMAN, Stephen (1954): «The "Argumentos" to *La Celestina*», *Romance Philology*, 8, 2: 71-78, https://www.jstor.org/stable/44939788. [12-6-2023].

GÓMEZ MORENO, Ángel (2012): «The Challenges of Historiography: The Theatre in Medieval Spain», en *The Cambridge History of Spanish Theater*, ed. Maria M. Delgado y David T. Gies (Cambridge, Cambridge University Press), 18-35.

GONZÁLEZ ARCE, José Damián (2016): *La casa y corte del príncipe don Juan (1478-1497). Economía y etiqueta en el palacio del hijo de los Reyes Católicos*, Sevilla, Sociedad Española de Estudios Medievales https://medievalistas.es/seem/pdf/publicaciones/032.pdf. [12-11-2023].

GONZÁLEZ GARCÍA, Juan Luis (2004): «Imágenes empáticas y diálogos pintados: arte y devoción en el reinado de Isabel la Católica», en *Isabel la Católica: la magnificencia de un reinado. Quinto Centenario de Isabel la Católica, 1504-*

2004 (Madrid, Sociedad Estatal de Conmemoraciones Culturales/Valladolid, Junta de Castilla y León), 99-114.

GONZÁLEZ ROMÁN, Carmen (2001): *Spectacula: teoría, arte y escena en la Europa del Renacimiento*, Málaga, Universidad de Málaga.

HAUSEN, Adelheid (1979): «Adaptaciones del oficio de difuntos "a lo humano": Job en las quejas amorosas de Garci Sánchez de Badajoz y Juan del Encina», *Iberoromania*, 10: 47-62, https://doi.org/10.1515/iber.1979.1979.10.47. [12-11-2023].

HENDRIX, William Samuel (1924): *Some Native Comic Types in the Early Spanish Drama*, Columbus Ohio, The Ohio State University.

HERMENEGILDO, Alfredo (1989): «Historia desteatralizada y diacronía teatral», en *Lenguas, literaturas, sociedades*, ed. José Romera Castillo (Montreal: Novotexto), I, pp. 65-73.

— (1991): «Los signos condicionantes de la representación: el bloque didascálico», en *Critical Essays in the Literatures of Spain and Spanish America*, ed. Luis González del Valle y Julio Baena (Colorado, Society of Spanish and Spanish American Studies), 121-131.

— (1995a): «Dramaticidad textual y virtualidad teatral: el fin de la Edad Media castellana», en *Teatro y espectáculo en la Edad Media*, ed. L. Quirante, Alicante, Instituto de Cultura Juan Gil Albert, 99-113.

— (1995b): *Los juegos dramáticos de la locura festiva. Pastores, simples, bobos y graciosos del teatro clásico español*, Palma de Mallorca, José de Olateña editor.

— (2001): *Teatro de palabras: didascalias en la escena española del siglo XVI*, Lleida, Edicions de la Universitat de Lleida.

HERRERO CARRETERO, Concha (2004): *Tapices de Isabel la Católica. Origen de la colección real española*, Madrid, Patrimonio Nacional.

HEUGAS-LACOSTE, Pierre (1987): «Un personnage nouveau dans la dramaturgie d'Encina: Plácida dans *Plácida y Vitoriano*», en *La fête et l'écriture: theatre de cour, cour-théâtre en Espagne et en Italie, 1450-1530* (Aix-en-Provence, Université de Provence), 150-161.

HUERTA CALVO (1987): «El entremés o la farsa española», en *Teatro comico fra Medio Evo e Rinascimento: La Farsa*, ed. Maria Chiabó y Federico Doglio (Roma, Centro di Studi sul Teatro Medioevale e Rinascimentale), 227-266.

—(1999): «Aproximación al teatro carnavalesco», *Cuadernos de teatro clásico*, 12: 15-48.

INFANTES, Víctor (2016): *Una colección de burlas bibliográficas: las reproducciones fotolitográficas de Sancho Rayón*, Madrid, Turpin Editores.

JORDÁ FABRA, Tatiana (2016): *Hacia el actor profesional en el teatro peninsular del Renacimiento*, tesis doctoral dirigida por Evangelina Rodríguez, María Rosa Álvarez Sellers y José Luis Canet Vallés, Valencia, Universitat de València. http://roderic.uv.es/bitstream/handle/10550/50718/Hacia-el-actor-profesional-Tatiana-Jorda.pdf?sequence=1&isAllowed=y. [12-11-2023].

KERNODLE, George (1944): *From Art to Theatre: Form and Convention in the Renaissance*, Chicago, The University of Chicago Press.

KIDD, Michael (1997): «Myth, desire, and the play of inversion: the fourteenth Eclogue of Juan del Encina», *Hispanic Review*, 65, 2: 217-236. http://www.jstor.org/stable/474411. [21-09-2023].

KNIGHTON, Tess (2001): *Música y músicos en la Corte de Fernando el Católico: 1474-1516*, Zaragoza, Institución Fernando el Católico.

KOWZAN, Tadeusz (1992): «En el universo de los signos», *Literatura y espectáculo*, Madrid, Taurus, 149-201.

LAMANO Y BENEITE, José de (2002): *El dialecto vulgar salmantino*, Salamanca, Diputación de Salamanca. http://www.lasalina.es/documentacion/ebooks/978-84-7797-306-5.pdf. [22-11-2023].

LAYNA RANZ, Francisco (1996): «La tradición de las burlas estudiantiles en la Universidad de Fray Luis de León», en *Fray Luis de León. Historia, humanismo y letras*, ed. Víctor García de la Concha y Javier San José Lera (Salamanca, Ediciones Universidad de Salamanca), 649-654. http://www.cervantesvirtual.com/nd/ark:/59851/bmcbk1v0. [16-01-2024].

LOBATO, María Luisa (1987): «Del pastor de Encina al "simple" entremesil», en *Juan del Encina et le théâtre au XVème siècle* (Aix-en-Provence, Université de Provence), 105-125.

LOPE, Monique de (1987): «De l'amour: *Representación* de Juan del Encina», en *Juan del Encina et le théâtre au XVème siècle. Actes de la Table Ronde Internationale* (Aix-en-Provence, Université de Provence), 79-92.

LÓPEZ ESTRADA, Francisco (1974): *Los libros de pastores en la literatura española*, Madrid, Gredos.

LÓPEZ MORALES, Humberto (2000): «Las églogas de Juan de la Encina. Estudio bibliográfico de ediciones antiguas», *Revista de filología española*, 80, 1/2: 89-128. http://search.proquest.com/docview/1299261985?accountid=17252. [12-11-2023].

LUZIO, Alessandro (1886): «Federico Gonzaga, ostaggio alla Corte di Giulio II», *Archivio della Real Societá Romana di Storia Patria*, 9: 509-556.

MÂLE, Émile (1952): *El arte religioso del siglo XII al siglo XVIII*, México, Fondo de Cultura Económica.

— (1986): *Religious Art in France: the Late Middle Ages. A Study of Medieval Iconography and its Sources*, Princeton, Princeton University Press.

MANCINI, Guido (1981): «Una veglia fúnebre profana: *La vigilia de la enamorada muerta* di Juan del Encina», *Studi dell'Instituto Lingüístico*, 14: 187-202.

MARTÍN GONZÁLEZ, Juan José y María Antonia VIRGILI BLANQUET (1991) (coord.): *Las Edades del hombre. La música en la Iglesia de Castilla y León*, Valladolid, Diócesis de Castilla y León.

MARTÍNEZ ALCORLO, Ruth (2017): *La literatura en torno a la primogénita de los Reyes Católicos: Isabel de Castilla y Aragón, princesa y reina de Portugal (1470-1498):* tesis doctoral dirigida por Nicasio Salvador Miguel y Ángel Gómez Moreno, Madrid, Universidad Complutense de Madrid. https://eprints.ucm.es/43010/1/T38855.pdf. [12-11-2023].

MASSIP, Francesc (1997): *La ilusión de Ícaro: un desafío a los dioses: máquinas de vuelo en el espectáculo de tradición medieval y sus pervivencias en España*, Madrid, Comunidad, Consejería de Educación y Cultura.

— (2004): «El análisis del teatro a través de la iconografía», *Gestos: teoría y práctica del teatro hispánico*, 37: 11-30. https://www.academia.edu/4210119/El_analisis_del_teatro_a_traves_de_la_iconografia_Gestos_37_2004.   [06-04-2023].

— (2014): «Theater and Iconography in the Middle Ages and the Renaissance (an Interdisciplinary Approach): Analyzing Theater through the Visual Arts», en *Repensar el sombrío Medioevo: nuevas perspectivas para el estudio de la cultu-*

ra medieval y de la temprana Edad Moderna, coord. Francesc Massip (Kassel, Reichenberger), 65-100.

MAURIZI, Françoise (1987): «Recherches sur théâtre et traditions populaires: Juan del Encina et l'*Auto del Repelón*», en *Juan del Encina et le théâtre au XVème siècle. Actes de la Table Ronde Internationale* (Aix-en-Provence, Université de Provence), 93-104.

—(1993): «Langue et discours: La "Pulla" dans le Théâtre: de la fin du XVème-Debut du XVIème siecle», *Voces*, 4: 97-106.

—(1994): *Théâtre et tradition populaires: Juan del Encina et Lucas Fernández*, Aix en Provence, Publications de l'Université de Provence.

—(1998): «La *Égloga de Plácida y Victoriano* a través de sus ediciones», en *Actas del IV Congreso Internacional de la Asociación Internacional Siglo de Oro (AISO)*, ed. María Cruz García de Enterría y Alicia Cordón Mesa (Alcalá de Henares, Servicio de Publicaciones de la Universidad de Alcalá de Henares), 2, 1033-1142. http://cvc.cervantes.es/literatura/aiso/pdf/04/aiso_4_2_021.pdf. [12-11-2023].

—(2012): «De lo humano y lo divino en el teatro de fines del siglo xv: acerca de los ángeles», en *De lo humano a lo divino en la literatura medieval: santos, ángeles y demonios*, coord. Juan Salvador Paredes Núñez (Granada, Editorial Universidad de Granada), 247-262 http://www.ahlm.es/IndicesActas/ActasPdf/Actas16/Granada2010-De%20lo%20humano%20y%20lo%20divino%20en%20el%20teatro%20de%20fines%20del%20siglo%20XV.pdf.

—(2014): «De la *Representación ante el príncipe don Juan* a la *Égloga de Amor*», *An Electronic Corpus of 15th Century Castilian Cancionero Manuscripts*, https://cancionerovirtual.liv.ac.uk/book/maurizi-2014.pdf. [12-01-2024].

MAZZEI, Pilade (1922): *Contributo allo studio delle fonti, specialmente italiene del teatro di Juan del Encina e Torres Naharro*, Lucca, Amedei. https://ia600508.us.archive. org/0/items/contributoallost00mazz/contributoallost-00mazz.pdf. [02-01-2023].

MENÉNDEZ Y PELAYO, Marcelino (1916): «Capítulo XXV. Juan del Enzina», en *Historia de la poesía castellana de la Edad Media* (Madrid, Librería General de Victoriano Suárez), III, 225-304. http://bdh-rd.bne.es/viewer.vm?id=0000138116&page= 1. [12-11-2023].

MICHAELIS DE VASCONCELOS, Carolina (1918): «Nótulas sobre los cantares e vilhancicos peninsulares e a respeito de Juan del Encina», *Revista de Filología Española*, 5: 337-366, http://search.proquest.com/docview/1299234343?accountid=17252. [20-09-2023].

MIER PÉREZ, Laura (2016a): «Melibea, Plácida y Serafina: tres muertes violentas en el primer teatro clásico», *Celestinesca*, 40: 117-134. https://parnaseo.uv.es/Celestinesca/Celestinesca40/Mier_Laura.pdf. [12-11-2023].

— (2016b): *La representación del amor: motivos amorosos del teatro español en el primer tercio del siglo XVI*, tesis doctoral dirigida por Pedro Cátedra García, Salamanca, Universidad de Salamanca.

— (2017): *Motivos amorosos del teatro renacentista: la* Égloga de Plácida y Vitoriano *de Juan del Encina y la anónima* Comedia Serafina, Vigo, Editorial Academia del Hispanismo.

MIGUEL MARTÍNEZ, Emilio de (2015): «Del teatro y su enseñanza en clases de literatura», en *El patrimonio del teatro clásico español: actualidad y perspectivas. Homenaje a Francisco Ruiz Ramón*, ed. Germán Vega, Héctor Urzáiz y Pedro Conde (Valladolid, Ediciones Universidad de Valladolid), 165-172.

Morais, Manuel (1997): *La obra musical de Juan del Encina*, Salamanca, Diputación Provincial de Salamanca/Centro de Cultura Tradicional.

Myers, Oliver (1964): «Juan del Encina and the *Auto del repelón*», *Hispanic Review*, 32, 3: 189-201. http://www.jstor.org/stable/472135. [12-11-2023].

—y M. Wilson (1969): *Two Spanish Verse Chapbooks: A Facsimile Edition with Bibliographical and Textual Studies*, Cambridge, Cambridge University Press.

Norton, Frederick John (1966): *Printing in Spain 1501-1520*, Cambridge, Cambridge University Press.

— (1976): «Los pliegos poéticos de Oporto (Siglo xvi). Noticia bibliográfica», en *Pliegos poéticos españoles de la Biblioteca Pública Municipal de Oporto: homenaje a Antonio Pérez Gómez*, ed. M.ª Cruz García de Enterría Madrid, Joyas bibliográficas.

Oleza Simó, Joan (Dir. (1984): *Teatros y prácticas escénicas*, Valencia, Institució Alfons el Magnànim/Madrid, Castalia/London, Támesis, I. http://www.cervantesvirtual.com/nd/ark:/59851/bmcsb431. [18-05-2023].

Panofsky, Erwin (1995): «Iconografía e iconología: introducción al estudio del arte del Renacimiento», en *El significado en las artes visuales*, Madrid, Alianza Forma, 45-75.

Pavis, Patrice (1993): *Diccionario del teatro: dramaturgia, estética, semiología*, Barcelona, Paidós.

Pérez Priego, Miguel Ángel (1992): «Historia y literatura en torno al príncipe D. Juan, la *Representación sobre el poder del Amor* de Juan del Encina», en *Historias y ficciones: Coloquio sobre la literatura del siglo xv*, ed. Rafael Beltrán, José Luis Carnet y Josep Lluis Sirera (Valéncia, Universitat de Valéncia), 337-349. http://www.cervantesvirtual.com/nd/ark:/59851/bmctt6f4. [12-11-2023].

PÉREZ PRIEGO, Miguel Ángel (1995): «Juan del Encina en busca de la comedia: la *Égloga de Plácida y Vitoriano*», en *XVII Jornadas de Teatro Clásico. Los albores del teatro español*, ed. Felipe Pedraza y Rafael González (Almagro, Universidad de Castilla-La Mancha), 116-125.

— (1997): *El príncipe don Juan, heredero de los Reyes Católicos, y la literatura de su época*, Madrid, Universidad Nacional de Educación a Distancia.

— (2004): *El teatro en el Renacimiento*, Madrid, Ediciones del Laberinto.

— (2005): *Teatro renacentista*, Madrid, Libertarias.

— (2009): «Poesía de cancioneros y teatro primitivo (Égloga y Comedia)», en *Medievalismo en Extremadura: Estudios sobre literatura y cultura hispánicas de la Edad Media*, coord. Jesús Cañas Murillo, Francisco Javier Grande Quejigo y José Roso Díaz (Cáceres, Universidad de Extremadura), 1201-1218. http://www.ahlm.es/IndicesActas/ActasPdf/Actas14/Caceres2007-Poes%C3%ADa%20de%20cancioneros%20y%20teatro%20primitivo.pdf. [12-11-2023].

PROFETI, Maria Grazia (1982): «Luogo teatrale e scrittura: il teatro di Juan del Encina», *Linguistica e Letteratura*, 7: 155-172.

— (1995): «Texto/lectura, texto escritura, texto/espectáculo: intertextualidad y teatro áureo», *Glosa*, 6: 175-221.

— (1996): «Comedias representadas–textos literarios: los problemas ecdóticos», en *Teatro, historia y sociedad*, ed. Carmen Hernández Valcárcel (Murcia/Ciudad Juárez, Universidad de Murcia/Universidad Autónoma de Ciudad Juárez), 205-216. http://www.cervantesvirtual.com/nd/ark:/59851/bmc02992. [08-03-2023].

— (2012): «La comunicación teatral: texto espectáculo, texto literario para el teatro», en *Literatura i espectacle*, coord.

Rafael Alemany Ferrer y Francisco Chico Rico (Alicante, Servicio de Publicaciones de la Universidad de Alicante), 459-470. http://www.cervantesvirtual.com/nd/ark:/59851/bmcqz416. [08-03-2023].

Puerto Moro, Laura (2012): «El universo del pliego poético postincunable», *eHumanista*, 21: 257-304. http://www.ehumanista.ucsb.edu/volumes/volume_21/pdfs/mongraphic%20issue/9%20eHumanista21.puerto.pdf. [08-03-2023].

Réau, Louis (1997): *Iconografía del arte cristiano. T. 1, Iconografía de la Biblia. Nuevo Testamento, vol. 2*, Barcelona, Ediciones del Serbal.

Regueiro, José María (1996): *Espacios dramáticos en el teatro español medieval, renacentista y barroco*, Kassel, Reichenberger.

Rey Marcos, Juan José (1978): *Danzas cantadas en el Renacimiento español*, Madrid, Sociedad Española de Musicología.

— (1981): «La obra musical completa de Juan del Enzina: estudio musecológico», *La obra musical completa de Juan del Enzina*, Madrid, Servicio de publicaciones del Ministerio de Educación y Ciencia, 7-19. http://www.cervantesvirtual.com/descargaPdf/la-obra-musical-de-juan-del-enzina-estudio-musecologico/. [08-05-2023].

Reyes Peña, Mercedes de los (2018): «El teatro español en la primera mitad del Quinientos. Historia, valoraciones y estado de la cuestión», *Revista de estudios extremeños*, 74, 1: 13-36. https://dialnet.unirioja.es/servlet/articulo?codigo=6685027&orden=0&info=link. [08-03-2023].

Río Nogueras, Alberto del (2007): «The Villancico in the Works of Early Castilian Playwrights (with a Note on the Function and Performance of the Musical Parts)», en *Devotional*

Music in the Iberian World, 1450-1800: The Villancico and Related Genres, ed. Tess Knighton y Álvaro Torrente (Aldershot, Ashgate), 77-98. http://www.cervantesvirtual. com/nd/ark:/59851/bmc515r6. [12-11-2023].

— (2014) (Dir.): *Juan del Encina*, portal dirigido por Alberto del Río Alicante, Biblioteca Virtual Miguel de Cervantes. https://www.cervantesvirtual.com/nd/ark:/59851/ bmc544k4. [12-11-2023].

RODADO RUIZ, Ana María (2000): *«Tristura conmigo va»: fundamentos de amor cortés*, Cuenca, Ediciones de la Universidad de Castilla-La Mancha.

RODRIGO MANCHO, Ricardo (1984): «La teatralidad pastoril», *Teatros y prácticas escénicas. El quinientos valenciano*, Dir. Joan Oleza Simó (Madrid, Castalia/London, Tamesis/ Institución Alfonso el Magnánimo), I, 165-187. http:// www.cervantesvirtual.com/nd/ark:/59851/bmcsb431. [12-11-2023].

RODRÍGUEZ CUADROS, Evangelina (1998): *La técnica del actor en el Barroco. Hipótesis y documentos*, Madrid, Castalia.

RODRÍGUEZ-MOÑINO, Antonio (1970): *Segunda parte de la Silva de varios romances*, Zaragoza, Ayuntamiento de Zaragoza.

ROMEU I FIGUERAS, José (1965): *La música en la corte de los Reyes Católicos, IV-2. Cancionero musical de palacio (siglos XV-XVI)*: Barcelona, Consejo Superior de Investigaciones Científicas/Instituto Español de Musicología, 3-B, http://libros.csic.es/download.php?id=930&pdf=products_pdfcomple. [12-11-2023].

ROSSELL, Antoni (2012): «La música en el teatro clásico español: apuntes para una reflexión», *«Monstruos de apariencias llenos»*, en *Espacios de representación y espacios representados en el teatro áureo español*, ed. Francisco Sáez

Raposo (Bellaterra, Grupo de Investigación Prolope-Universitat Autònoma de Barcelona), 233-250.

Rubiera Fernández, Javier (2005): *La construcción del espacio en la comedia española del Siglo de Oro*, Madrid, Arco/Libros.

Ruiz Mayordomo, María José (1999): «Espectáculos de baile y danza. De la Edad Media al Siglo xviii», en *Historia de los espectáculos en España*, Dir. José María Díez Borque y Andrés Amorós (Madrid, Castalia), 273-318.

Ruiz Ramón, Francisco (1992): *Historia del teatro español: desde sus orígenes hasta 1900*, Madrid, Cátedra.

Sales Machado, João Nuno (2005): *A imagem do teatro. Iconografia do teatro de Gil Vicente*, Casal de Campra, Caleidoscopio.

San José Lera, Javier (2013): «Teatro y texto en el primer renacimiento español. Del teatro al manuscrito e impreso», *Studia Aurea*, 7: 303-338. http://studiaurea.com/article/view/v7-san-jose/pdf-es. [08-05-2023].

— (2015a): «*Homo ridens*. Procedimientos teatrales de la risa en las farsas profanas de Lucas Fernández», *Criticón*, 126: 31-52. https://cvc.cervantes.es/literatura/criticon/PDF/126/126_031.pdf. [08-05-2023].

— (2015b): «Lucas Fernández 1514-2014. Del texto a la escena, *eHumanista*, 30: 41-82. https://www.ehumanista.ucsb.edu/sites/secure.lsit.ucsb.edu.span.d7_eh/files/sitefiles/ehumanista/volume30/5%20ehum30.m.sanjose.pdf. [08-05-2023].

— (2015c): (Dir.): *Lucas Fernández*, portal dirigido por Javier San José Lera, Alicante, Biblioteca Virtual Miguel de Cervantes, disponible en https://www.cervantesvirtual.com/portales/lucas_fernandez/. [12-11-2023].

— (2017): «Lucas Fernández, entre representación y texto: los límites del impreso», en *El teatro en tiempos de Isabel y Juana (1474-1517)*, ed. Felipe Pedraza, Rafael González Cañal y Elena E. Marcello (Cuenca, Servicio de Publicaciones de la Universidad de Castilla La Mancha), 193-213. https://www.academia.edu/33850175/LUCAS_FERNANDEZ_ENTRE_REPRESENTACI%C3%93N_Y_TEXTO._LOS_L%C3%8DMITES_DEL_IMPRESO.pdf. [12-11-2023].

— (2018): «"Viendo todo el mundo en fiesta de comedias". Contextos de la *Propalladia*, 1517», *Revista de estudios extremeños*, 74: 237-274. http://www.dip-badajoz.es/cultura/ceex/reex_digital/reex_LXXIV/2018/T.%20LXXIV%20numero%20extraordinario%202018/95702.pdf.   [12-11-2023].

— (2024): «"Entró primero en la sala". Un espacio escénico europeo para el teatro del Quinientos», en *Congreso Internacional en el que se cuenta cómo el teatro del Quinientos pasó de Primitivo a Clásico*, organizado por la Universidad Complutense de Madrid, y celebrado del 8 al 10 de mayo de 2024.

SAN MIGUEL PÉREZ, Enrique (1998): «España y su príncipe en la poesía de Juan del Enzina», *La figura del Príncipe de Asturias en la corona de España*, Madrid, Dykinson, 147-164.

SÁNCHEZ HERNÁNDEZ, Sara (2013a): «Del texto al teatro: *Fileno, Zambardo y Cardonio* sobre las tablas», en *Ponencias jóvenes investigadores 2013*, Salamanca, Instituto de Investigaciones Científicas y Ecológicas, 11-16.

— (2013b): *Tres églogas para la escena: Encina en Italia*, Trabajo de Fin de Máster dirigido por Javier San José Lera, Salamanca, Universidad de Salamanca.

— (2014): «La tentación de Cristino: propuesta escénica de Febea en una égloga dramática de Juan del Encina», en

Jóvenes Investigadores 2014, Salamanca, Instituto de investigaciones Científicas y Ecológicas, 175-181. http://hdl.handle.net/10366/125108. [08-05-2023].

— (2015): «Una égloga "fecha al itálico modo": la puesta en escena de *Cristino y Febea*», en *El patrimonio del teatro clásico español: actualidad y perspectivas. Homenaje a Francisco Ruiz Ramón*, ed. Germán Vega, Héctor Urzáiz y Pedro Conde (Valladolid, Ediciones Universidad de Valladolid), 637-645. http://hdl.handle.net/10366/126109. [08-05-2023].

— (2016): «"A las manos he la porra": violencia escénica en el *Auto del repelón* de Juan del Encina», en *¡Muerto soy! Las expresiones de la violencia en la literatura hispánica desde sus orígenes hasta el siglo XIX*, Sevilla, Editorial Renacimiento, 87-103. http://hdl.handle.net/10366/129318. [08-05-2023].

— (2017a): «"A cantar, dançar, bailar". La música en diálogo con los textos teatrales de Juan del Encina», en *El teatro en tiempos de Isabel y Juana (1474-1517)*, ed. Felipe Pedraza, Rafael González Cañal y Elena E. Marcello (Cuenca, Universidad de Castilla-La Mancha), 177-192. http://hdl.handle.net/10366/133351. [08-05-2023].

— (2017b): «*Imagines pietatis*. Escenografía sacra en el primer teatro renacentista de Castilla y Portugal», *Anagnórisis. Revista de investigación teatral*, junio, 15: 17-43. http://www.anagnorisis.es/pdfs/n15/SaraSanchezHernandez(17-43)n15.pdf. [08-05-2023].

— (2019a): «(Re)construcción iconográfica del *Auto de la Pasión* de Lucas Fernández», *eHumanista. Journal of Iberian Studies*, 41: 343-359. http://hdl.handle.net/10366/139474. [01-07-2023].

— (2019b): «*Ut pictura theatrum*. Escenografía navideña en el teatro de Juan del Encina y Gil Vicente», *Studia Aurea. Revista de Literatura Española y Teoría Literaria del Renacimiento y Siglo de Oro*, 13: 333-359. https://doi.org/10.5565/rev/studiaaurea.339. [01-07-2023].

— (2023): *Juan del Encina a escena. Análisis de la teatralidad de las piezas dramáticas del* Cancionero *(Salamanca, 1496)*: Salamanca: Centro de Estudios Salmantinos/Fundación Salamanca Ciudad de Cultura y Saberes.

SANZ HERMIDA, Jacobo (1993): «Literatura consolatoria en torno a la muerte del príncipe don Juan», *Studia Histórica. Historia Medieval*, 11: 157-169. http://gredos.usal.es/jspui/bitstream/10366/69784/1/Literatura_consolatoria_en_torno_a_la_mu.pdf. [01-07-2023].

— (1995): «"Cien mil esperanzas allí se anegaron"», en *Medioevo y literatura. Actas del V Congreso de la Asociación Hispánica de Literatura Medieval*, ed. Juan Paredes (Granada, Servicio de Publicaciones de la Universidad de Granada), 4, 307-319. http://www.ahlm.es/IndicesActas/ActasPdf/Actas5.4/25.pdf. [01-07-2023].

— (1999): «Literatura consolatoria en torno a la muerte del príncipe don Juan», en *Vida y muerte del Príncipe Don Juan: historia y literatura*, ed. Ángel Alcalá y Jacobo Sanz Hermida (Valladolid, Junta de Castilla y León/Consejería de Educación y Cultura), 221-372.

SEBASTIÁN LÓPEZ, Santiago (1988): *Iconografía medieval*, San Sebastián, Etor.

— (1994): *Mensaje simbólico del arte medieval: arquitectura, liturgia e iconografía*, Madrid, Encuentro.

SHERGOLD, Norman David (1967): *A History of the Spanish Stage: From Medieval Times until the End of the Seventeenth Century*, Oxford, Clarendon Press.

SHOEMAKER, William H. (1957): «Los escenarios múltiples en el teatro español de los siglos XV Y XVI», *Estudios escénicos. Cuadernos del Instituto del Teatro*, n.º 2, accesible en http://hdl.handle.net/20.500.11904/877. [01-07-2023].

STRONG, Roy (1988): *Arte y poder: fiestas del Renacimiento, 1450-1650*, versión española de Maribel de Juan, Madrid, Alianza.

SULLIVAN, Henry W. (1976): *Juan del Encina*, Boston, Twayne Publishers.

SURGERS, Anne (2009): *Teatro occidental: unha historia teatral desde a escenografía*, Santiago de Compostela, AGADIC, Axencia Galega das Industrias Culturais/Vigo, Galaxia.

SURTZ, Ronald (1979): «Representations and Reading», en *The Birth of a Theater. Dramatic Convention in the Spanish Theater form Juan del Encina to Lope de Vega* (Madrid, Castalia), 149-174. http://www.cervantesvirtual.com/nd/ark:/59851/bmcsr0s0. [01-07-2023].

THIÉBAUX, Marcelle (1974): *The Stage of Love: The Chase in Medieval Literature*, Ithaca y Londres, Cornell University Press.

UBERSFELD, Anne (1989): *Semiótica teatral*, traducción de Francisco Torres Monreal, Madrid, Cátedra.

ULYSSE, Georges (1987): «La violenza nella farsa italiana del primo cinquecento. Dimensione teatrale e forme ideologiche», en *Teatro comico fra Medio Evo e Rinascimento: La Farsa*, ed. Maria Chiabó y Federico Doglio (Roma, Centro di Studi sul Teatro Medioevale e Rinascimentale), 181-210.

VAN ECK, Caroline y Stijn BUSSELS (2011): «The Visual Arts and the Theatre in Early Modern Europe», *Art History: Journal of the Association of Art Historians*, 33, 2: 8-23. http://onlinelibrary.wiley.com/doi/10.1002/9781444396744.ch1/pdf. [01-07-2023].

VÁZQUEZ MELIO, María (2014): «Sobre algunos signos identitarios del pastor salmantino en la égloga tardomedieval», *Identidades de Castilla y León: Morfologías físicas de la identidad*, Salamanca, Instituto de las Identidades, Diputación de Salamanca, 201-213.

VÉLEZ-SAINZ, Julio (2015): «"¿Qué razón hay que de otras mal digas?": el debate en el primer teatro clásico», en *La defensa de la mujer en la literatura hispánica. Siglos XV-XVII*, Madrid, Cátedra, 195-220.

— (2016): (Dir.): *Bartolomé de Torres Naharro*, portal dirigido por Julio Vélez Sáinz, Alicante, Biblioteca Virtual Miguel de Cervantes. https://www.cervantesvirtual.com/portales/bartolome_de_torres_naharro/. [11-01-2024].

VIAN HERRERO, Ana (1990): «Una aportación hispánica al teatro carnavalesco medieval y renacentista: las *Églogas de Antruejo* de Juan del Encina», en *Il Carnevale: dalla radizione araica alla tradiciones colta del Rinascimento* (Viterbo, Centro di studi sul Teatro Medioevale e Rinascimentale), 121-148. http://www.cervantesvirtual.com/nd/ark:/59851/bmcdf8h5. [01-07-2023].

VILLAR Y MACÍAS, Manuel (1887): *Historia de Salamanca*, Salamanca, Imprenta de Francisco Núñez Izquierdo, II. http://bdh.bne.es/bnesearch/detalle/bdh0000141043. [01-07-2023].

WEIGERT, Laura (2011): «'Theatricality' in Tapestries and Mystery Plays and its Afterlife in Painting», *Art History: Journal of the Association of Art Historians*, 33, 2: 24-35. http://onlinelibrary.wiley.com/doi/10.1002/9781444396744.ch2/pdf. [01-07-2023].

WEINER, Jack (1977): «Sebastián de Horozco y la historiografía antisemita según el ms. 9115 de la Biblioteca Nacional», en *Actas del Quinto Congreso de la Asociación Internacional de Hispanistas*, ed. Maxime Chevalier, François Lopez, Joseph Perez y Noël Salomon (Burdeos, Instituto de Estudios Ibéricos e Iberoamericanos/ Université de Bordeaux III), 875-882. http://www.cervantesvirtual.com/nd/ark:/59851/bmc0p316. [01-12-2023].

WILLIAMS, Ronald Boal (1935): *The Staging of Plays in the Spanish Peninsula prior to 1555*, Iowa City, University of Iowa. https://ir.uiowa.edu/uissll/5. [01-07-2023].

YARBRO-BEJARANO, Yvonne (1983): «Juan del Encina's *Égloga de las grandes lluvias*: the historical appropriation of dramatic ritual», en *Creation and Re-creation: Experiments in Literary Form in Early Modern Spain. Studies in Honor of Stephen Gilman*, ed. Ronald. E. Surtz y Nora Weinerth (Nerwark, Delware), 7-27.